超级带货

■ 王冠雄 张从祥 ◎ 著

"有流量、很精准、高转化",拥有这些特征的拼多多、今日头条、知乎、快手等已经成为带货的新一代主流互联网平台,也成了传统行业重视、企业争相投放广告、互联网业内竞争激烈的地方。面对这些新一代的平台,以及不少新玩法和不断涌出的新赢家,一个严肃的问题摆在所有企业和营销人员面前:怎么办?

答案是:超级带货!带货,简单来说就是一些具备社会影响力的人,通过自己的分享或者推荐,带动其他人进行消费的行为过程,这已在国内逐渐形成新的潮流。而超级带货,是把商品的广告做成有趣的内容,这些内容因符合平台算法而获得大流量推荐,并沉淀和分享为结构化数据,再通过社交网络实现几何式裂变!——超级带货,势必所向披靡!

这本书,将揭开新一代主流互联网带货平台火箭般崛起的四个秘密,剖析企业当下的四重红利,总结在新平台成功营销的六大干货,提炼出一个公式,揭秘十大战术原则,辅以60个案例,力助您和企业抢先一步成为新赢家!

图书在版编目(CIP)数据

超级带货 / 王冠雄,张从祥著. —北京:机械工业出版社,2019.10(2020.3 重印)
ISBN 978-7-111-63826-1

Ⅰ.①超… Ⅱ.①王…②张… Ⅲ.①网络营销 Ⅳ.①F713.365.2

中国版本图书馆 CIP 数据核字(2019)第 214515 号

机械工业出版社(北京市百万庄大街 22 号 邮政编码 100037)
策划编辑:刘 洁 责任编辑:刘 洁
责任校对:李 伟 责任印制:孙 炜
保定市中画美凯印刷有限公司印刷
2020 年 3 月第 1 版第 2 次印刷
170mm×242mm · 14 印张 · 1 插页 · 270 千字
标准书号:ISBN 978-7-111-63826-1
定价:59.00 元

电话服务 网络服务
客服电话:010-88361066 机 工 官 网:www.cmpbook.com
　　　　　010-88379833 机 工 官 博:weibo.com/cmp1952
　　　　　010-68326294 金 书 网:www.golden-book.com
封底无防伪标均为盗版 机工教育服务网:www.cmpedu.com

赞　誉

《超级带货》蕴含了作者对互联网行业的深刻洞察和精准提炼,对老牌互联网企业的认识升级有指导意义。

搜狗公司首席执行官　王小川

众所周知经济处于新常态,这对企业的营销效率提出了更高要求。除了"要引爆,投分众"以外,如何在新一代互联网平台上高效转化也是行业焦点。《超级带货》角度新颖,甚至可以说稀缺,正是现在大家迫切要了解的。

分众传媒董事长　江南春

每个企业都担心搞不懂年轻人在想什么,因为他们代表了未来。看看拼多多、今日头条、快手……大家都有点慌。《超级带货》有理论、有方法、有案例,教你玩转新平台,轻松带货。

罗辑思维、得到 App 创始人　罗振宇

年初我讲的"私域流量"大火,私域流量、品效合一、KOC 都反映了新常态下企业的营销焦虑。它们共同的目标无非是带货,而且要高效。《超级带货》值得一看,时代从不辜负每一个认真对待它的人。

著名财经作家、学者　吴晓波

"全域营销、私域成交"。网红带货只是表象,其背后是渠道品牌和场景!这本书深刻解释了移动互联网的新消费大趋势,预祝大卖!

阿芙精油 / 河狸家创始人　雕爷

市面上的互联网书和营销书多如牛毛,但许多"大师"并未在主流互联网公司工作过,还有的拿单一公司的方法论"打"天下。王冠雄是知名的互联网老兵,横跨许多领域。《超级带货》不但有高度,而且贴近实战,还有60个详实案例,相信你读后一定有所启发!

熊猫传媒董事长　申晨

自　　序

电影《无间道》里有句很有名的台词："出来混，迟早是要还的。"我说，出来吸引眼球的，迟早是要"卖"的。"营"是为了"销"，否则就是光赚吆喝的"傻子"了。

企业所有营销活动的核心目的都是卖货。随着互联网成为主要营销平台，关键人物对某品牌的青睐往往会引发网络效仿效应，从而带来该品牌商品的大卖，这就是"带货"。注意：**具备带货能力的人，可以是明星，也可以是网红、KOL（关键意见领袖），甚至是普通人。**

与之对应的是，亲友拼团、平台推荐、写文章种草、网红直播等新玩法层出不穷！想必每一个人都对以下新商业现象感到目瞪口呆：

新一代电商，是拼多多。它成立3年便上市，2019年9月5日的市值逼近400亿美元，风头盖过其他电商平台；

新一代资讯，是今日头条。它今年营收冲刺1 000亿元，占全网流量10%，估值超过百度；

新一代社区，是小红书/知乎。这两个平台的用户数破2亿，年轻人的消费决策平台不再是大众点评网和百度贴吧；

新一代视频，是快手/抖音。别说电视了，年轻人连优酷、爱奇艺都很少看了，都在刷主播，连新闻联播都要入驻快手和抖音这两个平台。

你可以清晰地看到，从资讯、娱乐，到网购、分享的主流平台，一切都是新的。而且，它们组合起来近乎构成了完整的一套闭环！这绝非人为规划出来的，而是市场真实野蛮生长催化的；这不是产业的偶然，而是历史的必然。

"有流量、很精准、高转化",毫不夸张,**"拼头小手"**⊖已经成为超能带货的新一代主流互联网平台!也成了传统行业重视、企业争相投放广告、互联网业内竞争激烈的地方。新一代,新平台,新玩法,新赢家。一个严肃的问题摆在所有企业和营销人员面前:怎么办?

答案是:超级带货!超级带货是把商品的广告做成有趣的内容(网红),这些内容符合平台算法从而获得大流量(推荐),并沉淀和分享为结构化数据(种草),再通过社交网络实现几何式裂变(拼团)!——这就是超级带货,横扫千军!

本书,将揭开新一代主流互联网带货平台火箭般崛起的四个秘密,剖析企业当下的四重红利,总结在"拼头小手"等新平台成功营销的六大干货,提炼出一个公式,揭秘十大战术原则,辅以60个案例,力助您和企业抢先一步成为新赢家!

一、超级带货平台"拼头小手":"四大天王"的秘密

"拼头小手"是新一代的"四大天王",更是超级带货平台。它们掌控新流量,定义新规则。而任何现象级新产品的爆发,其底层逻辑都是技术驱动+应用创新的深刻变革。推动"四大天王"迅速成长的核心竞争力各自不同。

很多人惊叹,拼多多成立才3年就从商业模式上颠覆了其他电商平台!这反映了创始人黄峥深刻地理解了"移动互联网时代社交已经取代搜索成为第一入口"!微信"支付"下的九宫格并不是第一入口,好友聊天窗口才是!社交即红利。

⊖ "拼头小手"是拼多多、今日头条、小红书和快手的简称。——作者注

而今日头条超强的地方，在于算法。用户获取信息的方式无非是或靠主动，或靠被动。主动即搜索，被动即推荐，而推荐的背后就是算法！搜索时代成就了百度，推荐时代成就了今日头条。从技术角度来讲，搜索无法做到千人千面，而推荐算法可以，这就给了企业很大的商业想象空间。前者有马太效应，后者则有显著的长尾效应。与此同时，用户会尽快离开给出结果的搜索引擎，而往往会沉溺在无止境的推荐之中。算法即人性。

小红书最让人垂涎三尺的，是数据沉淀。几亿年轻人的各种口碑评价产生了数据，并且持续不断地产生数据，你花多少钱能买来这些数据？生活方式社区，几乎让每一个做平台的都嫉妒得眼红，难怪坊间传言它被友商举报⊖……不管你现在做什么行业，**未来一切生意都是数据的生意**，数据就是数字经济时代的石油，数据就是最大的资产，数据就是最强的能量，可以分分钟转化为巨大的势能。数据即势能。

快手则被马化腾罕见地高度评价为"有温度的产品"。在快手出现之前，UGC（用户生成内容）短视频平台多通过补贴或广告分账方式激励用户上传内容，重视大V和明星的强运营工作，但由于短视频生产门槛较高，这些平台的用户规模一直无法极速增长。快手通过产品设计瞬间降低了短视频的生产门槛，让普通人乐于记录生活，颠覆性地解放了内容生产力！一切水到渠成。内容即入口。

请注意，这里所说的社交之于拼多多、算法之于今日头条、数据之于小红书、内容之于快手，只是指它们分别在某一点最具代表性，并不是说它们的其他部分就不强。一个现象级的新公司肯定是其强项颠覆了其他所有商家，

⊖ 本书提及小红书，旨在向读者介绍确实存在这样一个平台和这样一种新型带货方式，并不意味着赞同该平台的一切运营方式或刻意宣传该平台。实际上，具备类似热点的互联网平台还有知乎、大众点评等，但小红书在其中是规模较大且带货作用明显的，作为案例不得不描述相关细节。因此，书中所有提及"小红书"的文字泛指这类平台。——作者注

然后它的其他地方也不差，它才可能崛起。

二、四重红利、六大干货重构人、货、场

没有永远的企业，只有时代的企业。要想代代红，就必须吃上新红利。"四大天王"为什么这么火？就是因为它们站在了时代四重红利的黄金交叉点。

（1）**Z世代红利**。中国的Z世代是指在1996~2012年出生的人。他们已经不只是互联网原住民，而是移动互联网原住民！对其来说，所有互联网平台、消费品牌和产品，都是新的、一视同仁的，"拼头小手"成功地抓住了崛起机会。其实所有企业都面临着年轻化、争抢Z世代的共同课题。"我的地盘听我的！"必须按他们的玩法才能一起愉快地玩耍。

（2）**下沉市场红利**。移动互联网下半场的主要增量红利，其实主要来自下沉市场。也就是三、四、五线城市、乡镇结合部，"五环外人群""小镇青年"成了热门词汇。他们不但很少看电视，甚至很少用电脑，他们和这个世界的连接器，就是手里的智能手机。他们的喜好也深刻地改变着互联网行业，从而诞生了新一代"四大天王"平台。

（3）**内容复兴红利**。也许聪明的你已经注意到了：新平台中今日头条是资讯、小红书和知乎是内容形式的社区、快手和抖音是视频形式的内容，甚至拼多多的商品都是用"社交＋内容"呈现的[黄峥自称模式是开市客（COSTCO）＋迪士尼]。这一切都标志着：内容复兴的时代已经来临，核心原因在于，移动互联网下半场的流量日益稀缺、昂贵，内容因为自带流量，使其价值骤然被放大。

（4）**企业数字化红利**。互联网属于数字经济，所谓"数字化生存"，我甚至一直认为人类的终极命运是电影《黑客帝国》里描述的那样……在2C（面

向用户）的消费互联网时代，基础设施的建设已经完成，我们一直把线下的服务和商品数字化，并搬到线上，用户可以随时选择、预订，甚至通过社区点评机制对服务进行监督——服务的在线化、可点评，让用户感到便捷和满足，"拼头小手"都是如此。而在2B（面向企业）的产业互联网时代，借助于云服务和大数据，企业的全部流程都在加速数字化，这又是一股巨大的红利。

正因为这四重红利，新平台得以绕开中国互联网老三巨头百度、阿里巴巴、腾讯（BAT）野蛮生长。你要想纵横捭阖、抓住新平台带来的新机会，也要用足这些红利。

"四大天王"之所以成为超级带货平台，本质上是因为重构了人、货、场。其实商业再怎么变，**商业的流通三要素仍然是三流，即围绕人的"信息流、资金流、物流"。零售再怎么变，核心仍然是"人、货、场"**。马云提出的新零售也好，还是刘强东提出的无界零售也罢，包括黄峥提出的社交零售，都万变不离其宗。

而超级带货，重新定义着电商和零售的三大核心：人、货、场。我们通过调研大量实战案例总结出：标品控货、非标品控场；上游控货、下游控场；抖音找货、快手找人；小红书/知乎拉新、今日头条留旧、拼多多拉新又留旧；全域营销、私域成交；全域靠分发、私域靠IP这六大干货，它们堪称"超级带货"规律！在此不赘述，详见正文。

三、超级带货公式：去中介化、重新定义4P

让人们震惊的是，四大新带货平台App的平均年龄只有3岁！而且相比前辈（前辈被有些人残酷地称为古典互联网），它们平台上的内容更有趣，平台内的流量更精准；产品的结构更便于分享，产品的设计更趋向社交！其实，它们有着统一的标签——更直接。

七年前，美团创始人王兴曾在微博上说："disintermediate（去中介）一词直指互联网的商业本质，深刻、宏大，可惜不够古朴优雅。"我简单粗暴地用另一个词定义，就是 kill the middle man（干掉一切中间商），不让他们赚差价。从"拼头小手"的特点来看，它们确实更直接、更激进地去中介化，这个历史趋势不可逆转。

现在，许多人都得了焦虑症，不知该如何应对急速变化的时代。说实话，我也不知道人类将被自己发明的东西带向何方。但我清楚一点：现代企业和营销人，要用最潮、最先进的方法论，这不是追逐风口，而是与时俱进，永葆好奇心。如此，个人方可永葆竞争力，企业方可基业长青。

企业营销之目的，无非是希望达到最低广告成本（少花钱甚至不花钱）、最多覆盖目标人群（大量且精准）、最快速度卖货（高周转、低库存）、最高溢价（除了奢侈品一般网红爆款才有）。那么，我的目标就是帮传统企业学会如何卖货、如何通过四大天王新平台带货、如何高效地"超级带货"。对此，我给出以下公式：

$$超级带货 =（算法 + 数据）\times 内容 \times 社交^2$$

20世纪著名的营销学大师杰罗姆·麦卡锡提出了4P理论：产品、价格、渠道、促销。4P理论博大精深，是一切营销分支理论的"祖宗"。现在，互联网早已不只是单纯的营销平台，还是购买平台、决策和分享平台、客服平台，甚至是产品定制平台。

从这个角度讲，"超级带货"就是**产品走爆款**（做成入口，获客卖更多货），**价格有溢价**（网红商品抢手且限量），**渠道即购买**（在超级带货平台上边看边买），**促销即内容**（把广告做成用户感兴趣的内容）。

会用新平台、懂得新玩法、抓住新红利，能用最高性价比实现最优营销效果就实现了"超级带货"。它是经典的 4P 理论在新平台时代的新体现。我们坚信,"超级带货"深深根植于新商业群体现状、反映新平台的内在规律,是企业可以复制进行营销的方法论。

伟大的科学家爱因斯坦曾有句名言:"如果你无法简洁地表达你的想法,那只说明你还不够了解它"。质能方程能指导核武器的制造,方程式却是简单的 $E=mc^2$。你要做的,就是洞悉规律,玩转这四大新平台,实现"超级带货"!

结语

《圣经》有云:"凡走过的,必留下痕迹。凡寻找的,必能找到"。换个角度来看,"寻找"可以理解为社交,"走过"可以理解为算法,"痕迹"可以理解为数据,"找到"可以理解为内容。

面临十年一遇的新营销挑战,私域流量、新消费、"双微一抖"、内容广告等一系列概念泛起,让大家眼花缭乱和迷茫。大道殊途同归,其实它们都是"超级带货"的子集。看完对这些概念的解说,再看"超级带货"会更有全局感;先看"超级带货",再看对这些概念的解说会豁然开朗。现在看不懂、瞧不起,未来肯定学不会、跟不上。这很残酷,也很公平。一代人有一代人的江湖,而企业经营者和营销人的宿命就是与时俱进、穿越代际。

除了"超级带货"的四大平台、四重红利、六大干货、一个公式,我们在本书还总结了十大战术原则。因为各行各业的战术实在太多了,我们在本书提出的是战术思想,而具体打赢一场场战役,要靠企业自己的将军。现在,五大趋势 ABCD5(即人工智能、区块链、云计算、大数据、5G)浪潮涌来,我们也在书的最后一章,简要探讨了这五大技术趋势对"超级带货"可能带来的冲击和影响。

将军赶路,既要埋头拉车也要抬头看路。和趋势站在一起吧!让我们迎接"超级带货"。现在你要做的,就是不要掉队。老子名言:"吾言甚易知,甚易行。天下莫能知,莫能行。"机会,永远只给有准备的人。

祝您成功"超级带货",成为下一个传奇案例的主角!

王冠雄

2019 年 8 月

目　　录

赞誉

自序

第1章　Z时代的带货 // 1

1.1　什么是超级带货 // 2
1.1.1　何为超级带货 // 2
1.1.2　明星与带货 // 8
1.1.3　带货的本质 // 11
1.1.4　解析当前的带货平台 // 13

1.2　四重红利：拥抱企业第二曲线 // 16
1.2.1　数字化转型 // 17
1.2.2　Z世代 // 19
1.2.3　下沉力量 // 23
1.2.4　内容复兴 // 25

1.3　思维跃迁：从三个旧连接到三个新连接 // 28
1.3.1　PC时代：三个旧连接 // 28
1.3.2　移动互联网时代：三个新连接 // 29
1.3.3　企业转型的三大迁移 // 30

第2章　超级带货平台的四大天王 // 33

2.1　社交即红利：拼多多的崛起之路 // 34
2.1.1　拼多多的快速崛起 // 34

2.1.2 拼多多抓住了社交红利 // 37

2.1.3 拼多多的启示 // 39

2.2 算法即人性：今日头条的随时随地、千人千面 // 41

2.2.1 凡寻找的必能找到 // 41

2.2.2 今日头条的随时随地、千人千面 // 43

2.2.3 今日头条的启示 // 45

2.3 内容即产品：快手的内容温度 // 46

2.3.1 在互联网领域，内容就是产品 // 47

2.3.2 平民玩快手，网红带内容 // 49

2.3.3 快手的启示 // 51

2.4 数据即势能：知乎的问答式引导和小红书的种草 // 53

2.4.1 凡走过的必留下痕迹 // 53

2.4.2 知乎的消费抉择影响力 // 55

2.4.3 知乎的"去营销化"式问答 // 57

2.4.4 小红书的点评数据沉淀 // 58

2.4.5 知乎和小红书的启示 // 60

第3章 超级带货的十大战术原则 // 63

3.1 无条件相信年轻人，并允许试错 // 64

3.1.1 无条件相信年轻人 // 64

3.1.2 允许试错，企业在试错中成长 // 66

3.2 小步快跑，快速迭代 // 70

3.2.1 迭代，让产品走在趋于完美的路上 // 70

3.2.2 瞄准最简单的需求，快速冲到第一 // 71

3.2.3 天下武功，唯快不破 // 74

3.3 立足于品类属性、品牌资产、企业及企业家人设 // 77

3.3.1 品类属性 // 77

3.3.2 企业人设 // 80

3.3.3 企业家人设 // 81

3.4 赢家通吃，头部效应 // 83

3.4.1 企业利润的守护神——头部效应 // 83

3.4.2 头部效应的实现 // 87

3.5 用足品牌推广的红利期 // 90

3.5.1 抓住红利期，快速开展品牌推广 // 91

3.5.2 在红利期做品牌推广的意义 // 92

3.5.3 如何用足品牌推广的红利期 // 93

3.6 做大众传播，而非小众传播 // 98

3.6.1 大众传播与小众传播 // 98

3.6.2 为什么做大众传播而不是小众传播 // 99

3.6.3 抓住大众的力量，进行大众传播 // 102

3.7 引发自传播 // 105

3.7.1 自传播：自媒体是新营销利器 // 106

3.7.2 自传播的关键因素 // 109

3.8 用足私域流量 // 112

3.8.1 私域流量到底是什么 // 112

3.8.2 私域流量是市场发展的必然 // 114

3.8.3 利用个人和品牌影响力，开发和搭建私域流量 // 116

3.9 巧蹭热点 // 120

3.9.1 蹭热点的本质就是借势营销 // 120

3.9.2 追热点才能与大众形成共同体 // 121

3.9.3 借势造势,把热点变成自己的势能 // 124

3.10 重复,重复,再重复 // 130

3.10.1 要重复的到底是什么 // 130

3.10.2 重复是传播的本质 // 131

3.10.3 如何做好重复营销 // 133

第4章 超级带货实战案例集 // 137

4.1 拼多多找市场 // 138

4.1.1 经典案例 // 138

4.1.2 案例分析 // 140

4.2 抖音找货 // 144

4.2.1 经典案例 // 145

4.2.2 案例分析 // 147

4.3 快手找人 // 151

4.3.1 经典案例 // 151

4.3.2 案例分析 // 154

4.4 知乎找"吐槽" // 158

4.4.1 经典案例 // 158

4.4.2 案例分析 // 163

第 5 章　超级带货的未来：崭新的 ABCD5 时代 // 167

5.1　A：人工智能 // 168

5.1.1　人工智能时代已经来临 // 169

5.1.2　人工智能在超级带货领域的应用 // 170

5.2　B：区块链 // 172

5.2.1　区块链：数字资产的另外一种权益 // 173

5.2.2　区块链在超级带货领域的应用 // 174

5.3　C：云计算 // 176

5.3.1　云计算：为用户提供按需服务 // 176

5.3.2　云计算在超级带货领域的应用 // 178

5.4　D：大数据 // 179

5.4.1　运用大数据，实现数据的增值 // 179

5.4.2　大数据在超级带货领域的应用 // 181

5.5　5：5G // 183

5.5.1　5G 已来，未来可期 // 184

5.5.2　5G 在超级带货领域的应用 // 185

附录 // 187

附录 A　"重"是传统企业转型靠谱的出路 // 187

后记 // 202

第 1 章　Z 时代的带货

一代人有一代人的江湖,一个时代有一个时代的准则,在 Z 时代寻求生存与发展的企业,其营销的模式也在发生变化。简单直接的销售因为各种各样的原因越来越不为人接受,而带货这种新型营销方式应运而生。

1.1 什么是超级带货

随着时代和社会的进步，人们的消费观念正在不断改变，越来越多的人选择通过自己的主观认知和身边人的客观推荐决定购买的商品。换句话说，企业的营销在信息化高度完成状态的现在，已经基本不再具备左右消费者心智的作用。由于发生这种变化，企业也开始纷纷寻找新的"不带烟火气"的营销方式。在这其中，带货可以说是近几年最为流行的方式。

1.1.1 何为超级带货

所谓带货，简单来说就是一些具备社会影响力的明星，通过自己的分享或者推荐，带动其他人进行消费的行为过程。需要注意的是，这里提到的明星是指广泛意义上的明星，包括影视、文体明星，某个领域的网红和KOL（关键意见领袖）。相关内容我们会在1.1.2小节中做具体说明，在此不做深入讨论。

带货作为一种新兴的企业营销模式，在国内已经逐渐形成新的潮流。关于这一点，"种草"一词的广泛流行就是最好的证明。所谓种草，其实就是"分享或推荐某一商品的优秀品质，以激发他人购买欲望"的行为。

但现在，随着市场的发展和带货行为的逐渐日常化，简单的种草式带货已经不再具备强大的消费引导力，企业想要继续发展，需要更高一层的超级带货来辅助经营。那什么样的带货可以被称为超级带货呢？

从带货的过程我们不难看出，带货的基本模式是不同行业的红人，利用自身的超强个人影响力，通过社交分享的形式，吸引粉丝以及信任他们的用户进行消费。其中的关键，就在于带货的社交属性。而这种特性，超级带货也同样具备，但不同的是，普通带货大多数时候可能只有单纯的社交分享，而超级带货在社交属性之外,还有数据沉淀和算法支撑,以提供更加高效的带货内容分发。

关于超级带货,我归纳为以下公式:

$$超级带货 =(算法 + 数据)× 内容 × 社交^2$$

注:算法 + 数据 = 场;内容 = 货;社交 = 人;社交的平方,意指社交网络对带货效果的指数级放大。

企业通过自己选择的明星,在一些网络社交媒体平台上发布一些带有宣传和营销色彩的分享内容,而算法和数据一般是平台自带的功能,平台能够经过科学的数据分析和算法计算,将这些分享内容有效发放到用户的浏览页面中,也就是我们常说的个性化推荐。经过这样的过程,分享内容中的带货信息就可以高效地影响用户,继而通过社交的推动力,实现带货效果的引爆。

从构成要素来看(见图1-1),算法和数据共同构成了带货行为发生的"场",内容指的是广义上的"货",分为标品和非标品(标品即标准化产品,而非标品则各有各的不同),而社交强调了在带货过程中"人"的重要性。

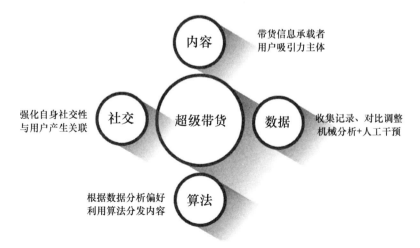

图 1-1 超级带货组成要素示意图

人、货、场的精准搭配，最终成就了超级带货。

从技术角度来解读，所谓超级带货，就是**"有算法支撑、通过社交高效分发内容、有数据沉淀"**的带货形式。

1. 内容

在移动互联网时代，内容的含义已经得到了无限延展。传统意义上的内容是指门户网站的新闻资讯、音频和视频作品等，但互联网发展到今天，新闻资讯，音、视频作品，平台上的商品，基于内容的社交等，都是内容的具体形式。

为了更好地生存，人们不得不积极地提升自我，而这种需求在实际生活中最明显的表现，就是我们开始越来越愿意为了一些非实体的内容买单。而网络的应用，为我们获取这些内容创造了良好的先决条件。

这种趋势造就了一批知识付费企业的崛起与成长，比如喜马拉雅、一书一课等。这些知识付费企业通过发布具有指导意义的内容，引导用户付费观看或者收听。从这种角度来看，内容其实就是一种特殊形式的商品，企业录制内容并将其上传至自己的平台，我们通过网络进行付费以及观看。在这种模式下，企业要做的是不断提升内容的深度和广度，以保证能持续不断地为用户提供有效的内容。

好的内容自带光环，可以成为内容中的"明星"。在整个移动互联网时代，信息铺天盖地，渗透在各行各业、各个角落，但并不是所有的内容都能够有效地进行带货。只有那些自带光环，即自带传播属性的内容，才具有真正强大的带货效力，才会形成刷屏甚至霸屏的效果。

而在带货的过程中，内容充当的是带货信息承载者这样一个角色。不管是带货的产品、产品的特点，还是推荐的信息，甚至购买的链接都会在内容中得到呈现。而且，内容作为带货的载体，也是直接吸引用户关注的主体。在带货平台上，用户往往都是先被内容吸引，然后才会注意到内容中的带货信息，继而被影响而购买。

2. 算法

懒惰是人类的天性，在大多数场合下"懒惰"这个词都是贬义的。但实际上，懒惰也不一定都是坏事。正是因为人类的懒惰，所以才促进了科技的进步。因为不愿意进入工厂工作，所以手工作坊被淘汰，大工业机械化生产应运而生，工业发展进入了新纪元；因为不愿意自己制作食物，所以外卖出现，餐饮行业焕发了勃勃生机；因为不愿意耗费时间和精力，在各个平台上寻找自己需要的内容，所以算法逐渐成形并发展。

从某种意义上来说，算法其实也是一种人工智能，通过数据的积累和运算分析，得到某种特定结果用以描述人或事。算法分三个步骤进行，首先，平台会对用户平时的浏览以及阅读习惯进行统计，包括主要的内容类型以及不同类型的阅读频率；其次，根据统计的数据进行分析，综合用户的个人基本信息，如年龄、性别等，得到用户偏爱的内容类型；最后，根据分析结果，有针对性地向用户分发内容。

通过算法我们可以有效地描绘出用户的个人画像，从而明确他们的喜好偏向，实现更加高效的内容分发，提高带货对用户产生影响的可能性。而且用户进入平台之后，自动获取自己需要或者想要的内容，省略了搜索的环节，也可以提升用户的体验，进一步加强了带货内容的有效性。

但算法毕竟是机械的分析，从现在来看，算法的完善程度还没有达到尽善尽美的程度，尤其是对于内容有效性的筛选，以及满足用户突然产生的随机需求等方面的问题还没能解决。但我相信，算法推动的方式是每一个带货平台未来发展的趋势，随着算法的不断完善，这种趋势会愈发明显。

3. 数据

如果说算法是带货内容高效分发的未来道路的话，那么数据就是这条道路坚实、准确与否的基础，因为算法的准确性建立在数据的积累和分析之上。数据是平台了解给用户什么带货内容的主要依据。拥有越详细的数据，通过分析得到的最终结果也越准确。

对于企业来说，数据一般可分为三种：日常运营数据、销售数据和用户行为数据。后两种，正是超级带货实现的技术依据。销售数据较为直观且容易理解，在此不具体展开介绍，让我们将重点放在用户行为数据上。衡量用户行为数据主要看三个指标：黏性、活跃度和产出。

黏性是指用户在一段时间内持续访问和使用该带货平台的情况，更强调一种持续的状态，包括访问频率和访问间隔时间等数据；活跃度指用户每次访问带货平台的过程，考察用户访问的参与度。需要注意的是，黏性和活跃度产生的价值可能是显性的，也可能是隐性的，如品牌或者口碑。

对于带货平台而言，具有直观借鉴意义的指标是产出。产出直接根据带货平台的业务衡量用户创造的价值，如订单数和"客单价"，一个衡量产出的频率，一个衡量平均产出值的大小。

除此之外，带货平台还能捕捉到用户浏览的访问数据，在此基础上加以分析，找到潜在的用户群体。

对于一些特殊情况，仅凭单纯机械的数据分析并不能保证结果的正确。这种时候，平台在数据分析的过程中，也会加入人工干预的环节。通过人工分析与机械分析的结合，得到最终准确结果。

对于企业来说，网络让数据的获取变得更加便利，很多企业都可以通过专业的数据分析机构获取行业发展的具体情况，但需要付出一定的资金，而且因为数据分析机构并不是本行业的从业者，在信息和预测的准确度方面存在一定隐患。所以很多行业顶尖的企业都是选择自己开设专门的部门，进行数据收集与分析。

4. 社交

如今，很多企业都会开设自己的企业自媒体账号，与用户进行直接交流，目的是通过满足用户的社交需求，引导其消费行为。很多企业开发的应用、网站等官方渠道，也都加入了与用户直接沟通的社交功能。在未来，只要"天生带社会属性"的人类生生不息，人类的社交需求就会源源不断，网络技术的社交方向开发也不会终止。一方面是因为网络自身的传播能力；另一方面是因为随着智能设备的普及，人们的社交需求进一步提高。

无论是超级带货，还是普通带货，想要实现有效的消费，都离不开流量的积累。早期互联网信息是很少的，门户网站就可以满足大家的基本需求。门户相当于一个集成，点进去就是各种各样的链接。随着网页的增多，人们开始需要检索，就有了谷歌、百度等。后来由于娱乐大发展，网络游戏、视频就爆发了。这些从源头来讲，都是因为人们社交的需求，才得以产生并发展的。但从总体上来说，互联网的发展始终是围绕"连接"展开的，而这种连接，在现在我们称之为流量。

过去，不同类型的平台为了获取更多的流量，会选择以广告或者其他方式进行宣传，从而吸引用户进入平台，然后实现内容与用户的连接。而现在随着信息传播的广度与深度进入一个极高的层次，人们对于直接的广告，以及间接的软文（包含营销信息，但不直接说明，通过其他资讯或者新闻蜻蜓点水式地引入宣传内容的文章）等，已经逐渐产生免疫，甚至产生了反感的情绪。在这种前提下，我们应该如何使内容与用户形成有效的连接，获取更多流量，从而强化带货的有效性呢？**答案是强化带货内容的社交元素**。比如，在带货内容的标题中加入提问和质疑的语句，即使这些并不是用户需要的类型，但出于好奇心和想要获取解答后的满足感，有些用户会主动点击并阅读，从而产生流量。也就是说通过社交，带货的传播可以变得更加广泛与高效。

当然以上的解读只是从整体对超级带货做技术性分析，从现阶段来看，超级带货还没有形成固定的含义以及标准，但超级带货的行为已经切实存在。

比如我们经常会在明星的微博或者短视频平台上，看到他们分享某些产品使用体验的内容。他们往往不会直接让自己的粉丝或者其他用户去购买这些产品，也不是简单的宣传和代言，而是利用自己使用的过程和效果来展示产品的特性。而对于粉丝和用户来说，这正是最能够刺激自身需求的。明星通过自己的社交分享内容，同时利用粉丝对自己的追随，激活了用户的某种消费倾向，然后带货的目的自然而然就实现了。

类似这种类型的带货行为，其实都可以看作超级带货。因为在这个过程中，用户看到的内容来自于平台的数据分析后的算法推荐，所以用户看到的内容基本都是自己感兴趣的。比如，微博会即时推荐用户关注明星的最新消息。而在这些内容中，又会包含商品的信息。同时，通过社交平台的互动作用，也让用户与明星达成了有效沟通，从而形成了一个完整的人货场搭配的超级带货过程。

1.1.2 明星与带货

一提到明星这个词，很多人第一时间想到的很可能都是影视明星，但是从广义上来讲，明星不仅指影视、文体明星，其他一些有一定粉丝量，有一定曝光量的人，或者在某一个领域有话语权的人，都属于明星的范畴。比如，网红和某些行业的KOL（关键意见领袖）都可以算作不同类型的明星。而不同类型的明星，在带货过程中所具备的优缺点也是不尽相同的。

影视、文体明星因为自带流量，粉丝通常以成千上万计，所以在影响力范围上有着天然的优势。另外，明星的身份没有地域限制，无论是在现实中，还是在网络社交媒体平台上，都具有极强的号召力和公信力。也就是说，他们在明星的身份之上，还有一层公众人物的头衔。而且明星的粉丝对于自己偶像的向心力非常强大，如果明星站出来主动带货的话，那么不管带货的内容和产品类型是不是粉丝确实需要的东西，粉丝大概率都会选择购买（前提是真粉），这也是为什么之前很多企业会选择让影视、文体明星做代言人的原因。但这类明星的带货也有一种天然的限制，那就是对于带货产品的选择。因为这类明星的带货行为往往是与自己的产品代言息息相关的，所以有可能对这些产品，他们自己并不是发自真心的推荐，而是在代言合同的促使下进行的以带货为形式的广告宣传。这也就意味着在产品方面，影视、文体明星的带货很难保证最终的质量和效果，这也就导致这种带货的持续复购以及用户留存做得并不到位。

所谓网红，其实就是在直播平台上，依靠自己发布的视频作品，吸引大量人群关注，在粉丝群体中有一定影响力的人群。网红的优势其实有些类似于影视、文体明星，同样是拥有大量的流量和粉丝，但粉丝的质量同样也是网红的劣势，影视、文体明星的粉丝来自于各种渠道的日积月累，所以大多都是有效的粉丝。而网红的流量更多的来自于平台的分发，当网红发布的某些内容在分发的作用下到达一些用户界面之后，用户可能会被内容吸引而选择关注，从而成为粉丝，但实际上在向心力方面，网红和影视、文体明星依然存在较大的差距。但如果仅仅从某个平台来说，拥有百万甚至千万级别粉丝数量的网红，影响力也足以与影视明星抗衡，网红虽然在自己成名的平台上，才能发挥符合自身人气的"明星"效应，但这并不妨碍网红在带货方面的效力。甚至对于企业来说，相较于明星，网红的身份定位，反而是一种利好的因素。网红有一个优势是，企业在与网红合作时，并不需要付出等同于明星代言的费用，拥有众多粉丝的网红在宣传效果上不会比明星弱。网红还有一个优势，那就是网红发布带货内容的限制较少，不像影视明星需要在经纪公司、代言企业、社会大众的三重监督下进行带货，网红可以使用更加自由、多样的方式，因地制宜、因人而异地实现高效的带货。当然网红在带货方面发挥突出的作用的前提是，企业选择了对的网红合作伙伴。

相比前两种明星带货的形式，KOL作为专业领域的潮流引领者，通常对行业的未来发展具有前瞻性的有效见解。而正是因为如此，KOL的很多认知和选择，也常常会被业内人士作为发展的参考和借鉴。这也就意味着虽然相比影视、文体明星和网红来说，KOL的粉丝数量有限，但其被用户认可的程度其实是三者之中最高的，如果KOL进行带货的话，有更高的概率可以实现带货的目的。但KOL自身受专业领域的限制，他们被认可的领域也只是自己专精的方向，在其他领域大家并不买账，所以在带货的产品选择上也只能是与自身行业相关的产品，比如课程、知识、工具等，能够选择的产品类型比较单一，这就是KOL在带货方面的限制。

2019年8月，业界又出现了KOC（Key Opinion Customer）这一新提法，即素人博主，虽然跟KOL相比，KOC的人气和流量都略逊一筹，但是KOC更像一个你值得信任的朋友，影响着人们的购买观念。因为KOC目前还没形成规模，本书不做解释，仍以影视、文体明星，网红，KOL这三类带货为主。

即便这三种不同类型明星的带货各有优劣，但不难看出，当平台、产品类型、目标消费者群体存在差异的时候，带货人选并不是单一的。当然影视、文体明星是带货效果最为显著，也是最为普遍的带货人选，但网红和KOL在未来的发展中也会担任重要的角色,承担更多的带货任务。

1.1.3 带货的本质

想要探究带货的本质,我们可以从带货行为发生的过程来分析。首先,企业将需要带货的产品相关信息,与非营销性质的内容结合在一起,打造成优质的带货内容发布在平台上;其次,平台会根据带货内容的类型,以及平台利用数据分析得到的用户偏好,通过算法进行有针对性的内容分发;最后,用户在带货内容的影响下,成功被"种草",消费行为也随之形成。

在这个过程中不难看出,带货的存在,使得用户、企业或者说企业的商品以及带货平台三者成功地连接在了一起,其实这就是带货的本质——人、商品、平台之间的联系。不过,在实际的带货行为中,带货的本质往往是通过具体的内容来呈现的,之所以这样说,是因为带货信息单独存在的时候,与单纯的宣传营销没有太大的区别,但如果带货信息与内容结合起来,在丰富的内容填充下,带货信息的营销特性会被一定程度地减弱,这样大家才会将其看作一种"种草"的带货行为。

从带货的本质出发,想要充分发挥带货的作用,打造超级带货,我们需要做的就是加强人、商品、平台之间的联系,换句话说就是要提高内容的互动性。

从内容的社会学意义上来说,内容是用于社交和传播的,人与人之间的沟通就是内容。比如,我今天跟大家说了什么,说的东西就是内容,这个内容是靠说话的方式呈现;再比如,我今天让大家看到了什么,看到的东西也是内容,这个内容是靠文字或视频的方式呈现。

业内有一个说法:**好的故事,自带传播属性**。一直以来,人们喜欢看到的都是故事。直白地讲，你的内容如果想被别人记住，归根结底就要变成一个好的故事。从企业的角度来看，就意味着，如果你想把产品卖出去，那么就要讲好你的品牌故事，或者讲好你的产品故事。因为，在"互联网+"时代，传统的营销模式已经逐渐落寞，新型的互联网营销模式已经悄然兴起，这时候，内容营销即故事营销开始越来越受追捧。当带货与品牌故事的内容结合在一起的时候，带货就形成了自己独特的IP，在这种情况下，不只是对产品有需求的用户，对品牌故事感兴趣的用户也可以成为有效的流量。随着流量的增加，带货成功的概率自然也逐渐提高。

对于现代企业营销的发展来说，掌握故事力，就能提升竞争力。但如何说好企业的品牌故事是一个相当大的话题，我打算在此后出版的书中加以说明，在此不做具体阐释。如有感兴趣的读者，可以直接联系我进行讨论。

当然，具备IP能力只是带货内容获取更多流量的基础，因为并不是所有自带IP的内容都能够成为大众喜闻乐见的类型，想要得到更加广泛的传播，带货还必须具备网红效应。在传统的销售技巧中，这种方式通常被称为打造消费热点。二者之间的差异是，前者在线上而后者在线下；前者更侧重于内容的流行而后者更强调产品的有效贩卖。不过，无论是具备网红效应，还是打造消费热点，最终的效果都是一样的。消费者在潮流的影响下，购买欲望会得到有效的提升。

但是，想要打造有流量的内容，让带货具备网红效应并不是一个简单的过程，因为不是所有的企业都拥有强劲的内容创作能力。所以大多数企业都采取了相对简单的途径，那就是与某些领域的红人进行合作，利用他们的影响力，推动带货内容成为流行的"种草"浪潮。

除了拥有IP能力、具备网红效应以外，超级带货的实现也离不开平台的扶持。我们之前也说过，在平台的算法推荐下，现在的用户更习惯被动地获取内容，只有在出现特定需求的时候才会去主动检索。这也就意味着，想要提升带货的效果，获取更多的流量，得到更多的平台推荐必不可少。

所以，对于企业而言，在带货的过程中，要充分考虑产品适合何种平台，同时结合平台和平台用户的特点，创作有效的带货内容。关于不同平台和平台用户的特点，在1.1.4小节中会具体讲解，这里不再赘述。

总而言之，带货的本质是人、商品、平台之间的联系，而超级带货则是这种联系，在IP作用、网红效应和平台扶持下的极致加强。

1.1.4 解析当前的带货平台

在当下，流行的带货平台呈现出多样化发展的趋势，原本以门户网站为主的传统平台，也在潮流的推动下逐渐转型，在原有的基础上增加了多种新媒体形式。从整体来看，当前的带货平台可以按照内容载体的差异分为四个类别，分别是文章平台、音频平台、视频平台以及商品平台（见图1-2）。

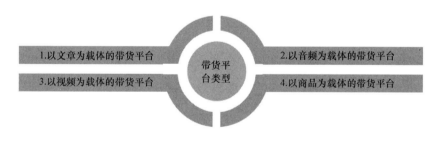

图1-2 带货平台类型

1. 以文章为载体的带货平台

这类平台主要包括微信公众号、微博账号、各大门户网站等，有多种外在表现形式，其主要特点是，通过文字的形式来记录、讲述和说明内容。有时也会加上图片，图文并茂地加深用户的理解。

最典型的以文章为内容的带货平台是今日头条，作为依托智能手机而存在的信息发布平台，今日头条的内容大多是结合时事的新闻或者评论文章。内容的丰富程度以及深度，在文字的作用下得以提升，但也是因为同样的原因，让这类带货平台的用户类型受到了限制，只有具备一定文化程度和阅读习惯的人才会选择使用以文字为主要载体的平台。

在同类型的平台中，今日头条还具有一定的特殊性。首先，今日头条平台上的内容相对全面，几乎囊括了生活、政治、经济等各个方面；其次，在今日头条平台上，用户获取内容的方式来自于平台的分发，而这种分发是根据用户的偏好和需求来进行的，所以基本不需要用户自己去检索需要的内容，而其他平台上的用户则需要一个寻找的过程。

2. 以音频为载体的带货平台

我相信大多数人都有过使用智能手机或者电脑上的音乐播放器的经历，这种音乐播放软件就是以音频为载体的平台的一种。除此之外，知识付费平台也是重要的组成部分，如喜马拉雅、得到、一书一课等。知识付费是随着人们对于知识重要性的认知逐渐深化，而产生的一种新式内容平台，用户主要通过听的方式，在平台上获取信息，同时也需要付出一定的费用。而信息的主要内容，大多是某些专业知识的答疑解惑。也就是说，知识付费平台的存在，将以往只能在线下进行的专业教学，移植到了线上，简化了用户接受知识的过程，同时也逐渐将学习行为社会化和生活化。

3. 以视频为载体的带货平台

虽然都是同样的形式，但视频载体也可以简单地分成两类：长视频和短视频，虽然从字面上看二者之间的差距只是时间长短的不同，但实际上区别很大。还有一种是小视频，是指时长在10秒之内的视频，多见于微信朋友圈，我将它划归为短视频的范畴。

长视频平台一般指传统的视频点播平台，比如爱奇艺、腾讯视频、优酷视频等，这些平台主要的功能是提供视频点播服务，用户可以在平台上选择自己想看的电视剧、电影以及其他视频作品进行观看。这种服务其实在互联网早期阶段就已经出现，只不过现在我们能看到的视频内容更多、种类更丰富。目前跟早期比，长视频平台新增的变化是增加了弹幕，企业可以通过发弹幕，发送相关商品信息或宣传信息。需要注意的是，在弹幕内植入带货内容，需要克制与隐蔽，不能引发其他观看者的反感，否则便容易适得其反，引发负面效应。

而短视频平台指的是如今在年轻群体中非常受欢迎的抖音、快手等，在这些平台上，主要内容一般是视频创作者发布的短视频，通常情况下，时长大概在 15 秒。相比长视频而言，短视频的社交互动性更强，内容风格上也更贴近生活。在短视频载体的内容平台上，原创气息要相对浓烈，创作的环境也更加自由，这就意味着视频创作者有更多的操作空间，来实现流量变现。

值得一提的是，现在有不少网络购物平台为商家提供了视频和直播的带货渠道，将视频和直播的间接带货属性，转变为直接带货的一大手段，带货效果显著。

4. 以商品为载体的带货平台

在前三种不同载体的内容平台上，内容的存在等同于平台提供的商品，而用户就是主要消费者。但内容不一定必须是文字、音频或者视频等特定形式，有时候，实际的商品信息也可以被称为内容。这就是以商品为载体的带货平台，典型的代表就是各种网络购物平台，比如淘宝、京东等。

之所以说商品也是内容，是因为在这些平台上，商品的存在承载了大量信息，而这些信息来自于提供商品的商家，平台只是提供一个展示的位置。换句话说，网络购物平台是给商家创造了一个全面展示自家商品的舞台，和其他带货平台提供空间供人们发布自己创作的内容这一形式并没有太大的区别，所以将电商平台称为以商品为载体的带货平台。

在以商品为载体的带货平台中，拼多多和小红书的运作方式相对独特，前者通过加强内容与用户的联系，强化商品消费过程的社交性，在短短三年时间里，超越了众多传统电商企业，成了国内排名第二的行业巨头；而小红书虽然也是以商品为载体的带货平台，但选择了一条特殊的内容创作之路，不再侧重于发布全面翔实的商品信息，而是以商品评价为主要内容，同样也获得了用户的认可。

在本小节中，我们只是对带货平台进行了简单的分类和描述，同时也介绍了一些时下正在流行的带货平台，关于这些平台的详细说明我们会在后面的几章中逐一进行介绍。

1.2 四重红利：拥抱企业第二曲线

从中国企业的发展历程来看，我们早先经历了三种传统的红利，第一种是人口红利，就是丰富的廉价劳动力资源；第二种是改革红利，就是逐渐提高的政策对企业的扶持；第三种是互联网红利，就是网络带来的新的经济增长点。但是，伴随时代的发展，三大传统红利已经日趋减少，越来越难以为企业带来实际效益。

随着老龄化社会的到来，以及新生人口出生率的下降，劳动力成本提高，人口红利已经逐渐消失；政府的政策扶持虽然一直都在，但企业的数量也在不断增加，政策扶持已经慢慢成为公共优势，不再具有红利的意义；而互联网的发展也已经进入了成熟阶段，逐渐在大众范围内普及开来，最初的新鲜感和独特性早已被打破，传统企业在经营中也开始频繁地应用网络技术。虽然移动互联网的时代刚刚到来，但移动互联网带来的传统红利越来越少，我们需要找到新的红利,来促进新一轮的效益增长,为企业找到第二曲线的突破口。

说到这里,顺带提一下什么是第二曲线。任何一个品类,无论是技术提升、产品创新,或是公司和产业的发展,最后的增长形态都是"S 曲线"。而西方管理学大师查尔斯·汉迪曾有过这样的论断:"任何一条增长的'S 曲线',都会滑过抛物线的顶点(极限点),持续增长的秘密是在第一条曲线消失之前,开始一条新的'S 曲线'。此时,时间、资源和动力都足以使新曲线度过它起初的探索挣扎的过程。"为了便于区分和理解,业界便将前一条 S 曲线称为"第一曲线",而将新的"S 曲线"称为"第二曲线",也就是新的增长曲线。

第二曲线的相关要素有很多,红利便是其中非常重要的影响因素之一。而在传统红利对企业增长的拉动作用日趋下降之后,企业要想开辟出一条全新的第二曲线,便需要有全新的红利支撑。那么新的红利是什么呢?就是接下来要提到的四重红利。

1.2.1 数字化转型

由社交媒体、移动设备、物联网和大数据引发的数字化趋势不仅改变了人们的生活方式,也要求企业重新思考与设计原来的运作模式。在现实生活中,数字化是可以感知的,比如,我们上网浏览新闻时,就是媒体内容的数字化。数字化进程的演进使得"数字化"已经跳脱了二进制的概念,成为一种人类与世界互动的新方式。

从企业自身来看,管理模式正在随着网络技术的发展而逐渐进步,在传统企业中,这种变化我们通常称之为数字化转型。所谓数字化转型其实就是使用数字化的技术和方式,实现企业转型的目的。

由于工作关系，我与很多传统企业的老板经常交流，他们中的大多数人都曾问过我这样一个问题："企业为什么要进行数字化转型？"在我看来，答案其实很简单，**无外乎是内部和外部两大因素驱使**。

从外部因素来看，在数字化转型大潮中，企业如逆水行舟，不进则退。如果不进行数字化转型，那么企业将会被年轻的用户群体抛弃、被竞争对手超越、被市场边缘化，以致产品滞销，最终惨淡出局。而将视角转到企业内部，你会发现数字化转型可以让企业捕获新的市场机会，尝试新的商业模式，开创出全新的第二曲线，在未来的市场中提前占位。

有别于传统工业化发展时期的竞争模式，在数字经济时代里，企业的核心竞争力从过去传统的"制造能力"变成了**"服务能力 + 数字化能力 + 制造能力 + 带货能力"**。这便要求企业打破传统的封闭式思维，积极进行数字化转型，具备跨界合作的能力，与Z时代的各大带货平台携手共赢。

在数字化转型中，转型才是重中之重，而数字化只是转型的一种手段。从当前来看，各种新兴科技的出现虽然让很多企业迅速站到风口浪尖上，但实际上，脱离经营谈论技术是一种非常危险的行为。因为技术本身并不能为企业创造价值，只有当技术作用于经营的各个环节之后，才能够真正发挥自己的作用。

在具体的转型过程中，企业需要完成的第一项工作就是实现数字化运营，让大数据成为企业分析发展路线的主要渠道。通过数据分析，企业可以准确地判断未来一段时间内行业发展的趋势和方向，从而更加准确地制定发展路线。同时，数字化转型也让企业接受信息的渠道大大增加，尤其是网络技术的应用，让企业可以及时获取最新的行业信息和技术进展，然后有效地对自身的发展道路进行调整，实现趋利避害。

企业要完成的第二项工作是渠道的数字化与产品的定制化，这一点与超级带货息息相关。通过网络的作用，将企业与用户紧密联系在一起，通过数字化渠道从用户处获取对企业产品或者服务的准确评价，从而高效地进行产品的优化和升级。而升级的最终目的，是要提升产品的市场竞争力，这是最终实现超级带货的前提。

企业要做的第三项工作，是管理的智能化，通过数字化管理工具，准确高效地传达信息和进行员工管理，从而打造敏捷开放的业务团队。阿里钉钉便是较为有效的数字化管理工具之一，能极大地提升团队的工作和沟通效率，降低管理成本和时间成本。

1.2.2 Z世代

所谓Z世代，泛指在1996~2012（Z时代）年出生的年轻人，他们从出生到成长，一直处于互联网及移动互联网的影响之下。迄今为止，Z世代中年龄最大的人已经23岁了，这就意味着，在大多数人对"90后"乃至"00后"的认知停留在"还是个孩子"的时候，Z世代已经开始逐渐影响社会。当很多企业依然将"千禧一代"（出生于1982~2000年的群体）作为主要目标消费者群体的时候，Z世代已经开始占据消费者层级中的中心位置，是传统企业寻找超级带货的突破口，进而步入第二曲线。

2018年12月QQ广告和凯度联合发布了《Z世代消费力白皮书》（以下简称白皮书），根据调研的数据显示，现在中国的Z世代人口数量已经达到了1.4亿人，以现有的数据为基础，白皮书中对Z世代消费力的发展做出了预测，预计到2020年，Z世代可能会占据整体消费总额的40%，成为消费力的中流砥柱。

这就是趋势！如果说"千禧一代"被称为互联网原住民的话，那么Z世代则是移动互联网原住民，虽然只是两个字的区别，但二者还是存在很大的差异。

Z世代和"千禧一代"最大的区别在于，后者的出生与成长，虽然也和互联网的发展轨迹相重叠，但在当时那个年代，PC（个人计算机）仍然是一种相对奢侈的产品，这代人真正开始全面学习并应用网络知识，几乎都是在进入高中之后。互联网思维确实影响到这一代人，但影响的程度并不深刻。

而Z世代成长的过程伴随着移动互联网的发展，这个时期，移动网络终端的应用已经逐渐规模化，而移动设备与PC最大的差异就在于使用的便利性。可以说，这代人中很大一部分是用着智能手机、平板电脑长大的，无时无刻不受网络思维的影响。

因为受到网络影响的程度不同，所以相比之下，"千禧一代"的消费观念还是相对保守的，只不过在Z世代还未成长起来之前，这种保守因为缺乏对比的对象而没有显现出来，但现在，Z世代敢赚敢花的消费理念，已经让他们逐渐成为新的消费担当。

根据《Z世代消费力白皮书》的数据显示，Z世代中处在学生阶段的人员，其中有35%除了家人提供的生活费以外，还有额外的收入，他们的月均可支配收入达到3 501元，而"千禧一代"中刚刚进入职场的一批人，可能有的人还达不到这个收入水平。

当然，相对较高的收入水平只是一方面的原因，还有一个重要的原因便是在网络环境中成长起来的Z世代，受到潮流文化的影响也比较深刻。所以，对于一些时下流行的事物，Z世代的接受程度也比较高，愿意在新鲜事物上进行消费。

不同于"千禧一代"以满足自身的实际需求为主的消费目的，Z世代的消费目的更多的是获得心理的满足感。

1. 社交认同

每个人的社交范围都是一个圈子，Z世代的年轻人也不例外，但不同于理性的成年人社交，不同于以共同爱好构筑圈子的方式，Z世代是在校园和班级的环境下，先形成固定的圈子，然后通过打造共同话题的方式维持圈子的存在。而打造共同话题最常见的方式，就是消费行为。

根据《Z世代消费力白皮书》的数据统计，60%的Z世代希望利用消费行为来吸引有共同爱好的人，或者融入某个以特定喜好而集结起来的圈子里面；57%的Z世代认为"别人有的也得有，不想被嫌弃"。这就是Z世代消费行为的社交认同驱动力，这种社交驱动在消费决策的过程中展现得尤为明显（见图1-3）。

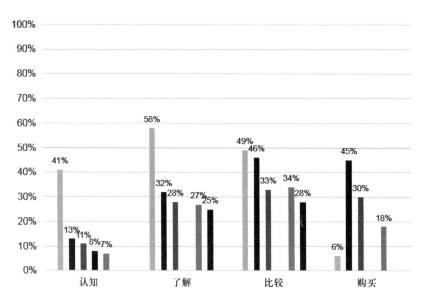

图1-3　Z世代消费决策过程渠道使用情况分布示意图

在利用这种社交认同驱动力的时候，企业需要注重打造潮流性产品，或者让产品形成消费热点，并且在营销中强调出产品的社交分享属性，在吸引Z世代注意的同时，也可以快速地在他们的圈子中建立话题，然后通过社交认同驱动力，加速用户的集群与裂变。

2. 树立人设

我们经常会在各种娱乐新闻中，看到很多关于明星人设的文章，所谓人设其实就是人们个性的外在表现。明星的人设有多种多样，但大多都是由专业团队帮忙打造的，目的是最大限度地吸引流量，为明星的发展铺路、搭桥。但这种人设并不一定符合明星个人的性格，操作的成分高于天性的表达。

而Z世代的年轻人不同，他们对自己的人设需求没有那么复杂，很简单，他们就是想要成为独一无二的人。至于个性体现在哪些方面，他们并没有特定的选择，但体现在消费行为上，这种树立人设的需求，会统一地表现为对新鲜产品的追求。

根据《Z世代消费力白皮书》的数据显示，"54%的Z世代想要拥有最新或之前没有尝试过的体验；38%的Z世代表示相同产品，也会经常换不同的选择；而35%的Z世代表示想要获取独一无二的专属体验。"

对于企业来说，我们可以通过不断地更新迭代来满足Z世代对于新鲜元素的需求，而这种推陈出新不一定需要在技术层面做出过多的突破，在原有的产品基础上，对产品风格、款式甚至颜色进行简单的调整，增加一些独特的元素，就足以形成新鲜的吸引力。

3. 愉悦身心

消费是一种可以带来即时幸福感和满足感的行为，这一原理，也经常用来解释为什么失恋的女性喜欢用疯狂的消费来抵消内心的不满与郁闷。在Z

世代的消费驱动力中，也有愉悦身心的需求在其中。

根据《Z世代消费力白皮书》的数据显示，超过50%的Z世代认可"消费是为了愉悦自己的内心，为了获得幸福的感受，以及提高生活的品质"这一说法；31%的Z世代正在使用分期付款的形式进行消费，而且这两个比例都在逐渐上升。

Z世代对于内心满足感的看重，也催生了一批潮流品牌的发展，因为在消费产生幸福感的过程中，消费者满足的程度与购买商品的价值成正比。这也是为什么在Z世代中，已经有8%的人拥有爱马仕，7%的人拥有普拉达这些奢侈品品牌产品的原因。

对于企业来说，考虑到Z世代自我满足的消费驱动力，我们需要提高自身企业品牌的格调，以潮牌的调性吸引Z世代进行消费。

从当下来看，消费主力群体正在发生变化，Z世代逐渐成为主流。那么相应地，企业也应该调整自己的带货策略，将目标消费者定位在追求新鲜的Z世代。须知，Z世代是超级带货的两大潜在消费主力之一。

1.2.3 下沉力量

说完Z世代，再让我们来看看超级带货的另一大消费主力——下沉力量。如今在大学生中，有一种呼声非常强烈，叫作"逃离北上广深"。这些之前一直属于就业第一选择的一线城市，为什么逐渐"没落"了呢？

大多数人认为主要的原因是，一线城市的生活成本太高，虽然薪资水平也相对较高，但工作的压力让人难以忍受。但这只是主观方面的原因，从客观的角度来讲，现在一线城市的发展基本成熟，甚至已经出现产业向外迁移的情况。比如，北京的工业企业已经迁移到曹妃甸等地区。无论是在成熟状态还是在向外迁移状态，一线城市的就业机会已经大不如前，这就是"逃离北上广深"的客观原因。

这种情况的出现，不仅导致了就业重点地区的改变，同时也造成了企业市场重心的偏移，由一线城市逐渐向下沉市场进军。

所谓下沉市场，其实说的就是三线城市以及三线城市以外地区的市场，在过去，下沉市场的发展和一、二线城市之间存在着较大的差距，无论是整体经济水平，还是人们的收入水平，都处在相对较低的层次。所以在过去的时间里，因为有限的消费能力，下沉市场并不被企业所看重。

但是随着经济发展，一、二线城市中企业的发展红利逐渐消耗殆尽，而此时，下沉市场的红利期却如期而至。

随着先进技术的应用，基础设施的完善，人们收入水平、消费水平的提高，最重要的是巨大的人口基数，奠定了万亿级的新蓝海，下沉市场成为这个时期企业发展所必须重视的力量。而在下沉市场的力量中，小镇青年是其中最为典型的代表。

所谓小镇青年，指的是"出生在三、四线及以下的县城、乡镇，在老家生活工作，或前往大城市及省会周边城市打拼的青年"。2019 年 5 月，红杉中国种子基金与神策数据、快手大数据研究院联合发布了《走向更好的自己：2019 小镇青年报告》，报告显示，我国 2.3 亿的小镇青年正用他们积极的进取心和创造力，打造着一个灿烂夺目的未来世界。与此同时，他们背后还蕴藏着我国巨大的消费市场和国民经济增长的新动力。

报告中提到，小镇青年扛起了电影的票房，根据猫眼数据的统计，2018 年元旦，某电影上映期间，近 90% 的观众来自于二线城市以下，但在一线城市，这部电影却被冠上"烂片"的称呼。可以说在文化消费方面，小镇青年没有太高的要求，反而提升了消费的总量。

与此同时，小镇青年对于提高生活质量的消费也越来越重视，在出国游方面，小镇青年的消费也是其中重要的组成部分，尤其是中国周边的亚洲其他国家。

除了小镇青年以外，"五环外人群"也是下沉市场的重要组成，他们和小镇青年一样，受困于过去简单、无聊的生活，当移动互联网技术慢慢普及之后，他们开始用手里的智能手机了解外面更加新鲜的世界。眼界的开阔，促进了区域经济的发展，也提高了人们的消费观念。

现在，在一、二线城市的赛道上已经挤满了先来的人和企业，当你不知道怎么样抓住用户的时候，不妨尝试一下下沉市场，这或许会让你的企业找到超级带货的方向，步入第二曲线的上升通道。

1.2.4　内容复兴

14世纪到16世纪，西欧在封建专制的统治下，陷入了恐怖的黑暗当中。封建君主以基督教来控制人民的思想和行为，大肆鼓吹君权神授，人们一旦违背了《圣经》的教义，就要受到严苛的惩罚。所以在那个时期，西欧的经济、文化、科技等领域都陷入了万马齐喑的境况。

就在这个时候，一群艺术家勇敢地站了出来，以复兴古希腊、古罗马文化和艺术为切入点，通过文化的复兴，实现了人权思想的发展，为未来的资本主义制度的建立奠定了思想基础。在历史上，这次伟大的历史事件被称之为文艺复兴。

文艺复兴就像一束光芒，照亮了当时愚昧的精神世界。而现在，我们又一次站在了复兴的风口浪尖上，当然这一次的复兴不是单纯在文艺方面，而是在互联网产业的内容上。关于互联网产业的内容复兴，我们可以结合改革开放后传统产业发展趋势中产品复兴的过程来加深理解（见图1-4）。

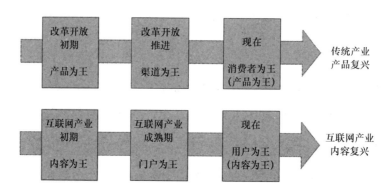

图1-4 传统产业产品复兴与互联网产业内容复兴过程的对比

在改革开放初期，只要有东西生产出来，不管东西有多少，都能卖完。所以这个时期也被称为产品为王的时期。就像过去在PC互联网初始时期，因为当时网上的内容很少，所以只要有内容，就会引发疯狂转载。当时的互联网产业内容为王和传统产业的产品为王是同样的道理。

随着改革开放的推进，生产力水平大幅度提高，商品的丰富程度也得到了很大提升，在这种情况下，企业的发展也进入了渠道为王的阶段。不再是生产多少就能销售多少，而是需要企业去寻找将商品展示在用户面前的渠道，最常见的路径就是广告。而与之相对的，就是PC互联网发展的成熟时期，门户网站的数量增加，网络上的信息也开始变得多样化，消费者不再直接浏览内容，而是会到门户网站上寻找自己想要的内容。而门户网站就成为当时互联网企业与用户连接的渠道，传统产业的渠道为王在互联网产业也可以理解为门户为王。

改革开放发展到今天，生产力水平已经达到了空前的高度，当然企业与企业之间竞争的激烈程度也不断提高。在现在的市场中，企业能否获得高额的利润和长久的发展，与消费者的认可程度有着紧密的联系。因为，同样的产品在市场中肯定不只有一种品牌，但消费者数量是有限的，所以赢得消费者青睐的企业就能获得更高的销售量，从而得到更好的发展。想要达到这种效果，企业最根本的方法就是回归产品，打造高质量的产品让消费者满意。

如今的互联网产业也面临着和传统产业同样的问题——同质化竞争严重，消费者愈发挑剔。哗众取宠注定无法长久，大多数互联网企业的目光重新投向了网上的内容，这也吹响了内容复兴的号角。与过去"存在即为优秀"的情况不同的是，现在内容的丰富程度已经达到了一定水平，只有更好的内容，才有机会脱颖而出。

内容复兴对于企业来说其实是一次难得的红利，因为内容的优劣评价标准只有消费者自己才能把控，在这种公平的环境下，整个互联网行业可以进行有效地重组，将一些能力有限的企业清除出去，让其他企业可以更好地发展。而传统企业，也有了绝佳的入局机会。

所以，对于企业来说，我们必须成为优质内容的创作者。那什么才是好的内容呢？关于这个问题，可以从两个角度进行解答，一个是内容本身好，另一个是明星把内容传播出来。因为只有在这两种情况下，才能有效促进带货的效果，实现内容的变现。

前者来源于内容创作水平的提升，而后者指的是借助有一定的粉丝量，有一定的曝光量，具有明星效应的一些人，利用他们的号召力提升内容的口碑。这些人不一定是影视明星，也可以是某些领域的KOL（关键意见领袖），他们往往在自己所处的领域比影视明星更有号召力，在微博等社交媒体平台上拥有大量的同行业粉丝，这类知名大V带内容再合适不过。

数字化转型、Z世代、下沉力量、内容复兴，这四大红利便是能够帮助传统企业开创第二曲线的四种驱动力量，或可称为时代的风口。好风凭借力，不仅可以"送猪上青云"，还能让传统企业找到转型的全新出路。

1.3　思维跃迁：从三个旧连接到三个新连接

超级带货是传统企业销售模式的全新升级。当然，新的绝不仅是概念，而是内在的思维模式。在 PC 时代，企业销售主要依靠三个旧连接，而在产业互联网时代，企业如果想实现超级带货，则要进行连接方式的再造与升级，用三个新的连接方式。

1.3.1　PC 时代：三个旧连接

在互联网发展的过程中，总体上还是围绕"连接"展开，即人连接商品（美国的亚马逊、中国的阿里巴巴）、人连接人（美国的脸书、中国的腾讯）、人连接信息（美国的谷歌、中国的百度）这三大核心连接逐渐趋于成熟。

1. 人连接商品

所谓人连接商品，其实就是将商品的消费场景从线下转为线上，通过互联网的作用，简化人们购买商品的过程，让中间商、运输等各种中间环节减少，让消费者与商家直接联系在一起。

2. 人连接人

其实在电子通信技术和设备出现之后，就已经在一定程度上实现了人与人的连接。而互联网所引导的人与人的连接，更加强调实时和即时，准确来说，网络带来的人连接人，是一种升级版的人与人的连接。

3. 人连接信息

这一点其实是信息爆炸所导致的必然结果，同时也是人们社交需求逐渐提升的一种外在表现。通过各种网络应用和门户网站，将各种新闻和资讯传达给用户,比起以前口口相传的信息传播方式,具有更快、更准确的跨时代意义。

1.3.2 移动互联网时代:三个新连接

人连接服务、人连接设备、人连接大脑这三个新连接已经成为当下的热点,也是未来的趋势。

1. 人连接服务

简而言之,人连接服务是人连接商品的升级版本,通过在线分享商品、移动电子商务和线下商务的有效聚合,帮助企业顺应体验经济的发展和用户需求的变化,简化获得实体商品和服务的途径,打造线上—移动—线下三位一体的全时空体验营销系统,使企业与用户能够通过各种载体及终端进行交易和消费。

人们不但可以通过网络购买实体的商品,也可以享受各种服务。人连接服务最典型的代表就是美团和滴滴,用户在美团上可以直接购买各种吃喝玩乐方面的服务,从选择到付款都是在线上完成。而滴滴提供的是网络约车出行服务。之所以将人连接服务放在第一点,是因为它与本书的主题息息相关,它是超级带货之所以能够实现的一大前提。

2. 人连接设备

这一点指的是现在已经在网络用户中逐渐普及的智能网络终端设备。人连接设备的终极目标是实现万物互联,马云将此称为IOT,也就是物联网。比如,智能手机、智能手表、智能手环等。这些设备已经逐渐取代了PC成为人们在生活中主要使用的网络终端。如今,智能设备的应用已经成为常态,在互联网发展初期阶段,电脑的出现让一部分人成为网瘾少年,但智能手机的出现几乎让全部年轻人都患上了手机依赖症。在国内,人与设备连接的典型企业是华为、小米等智能设备生产商。如果没有这些智能设备的普及与飞速发展，超级带货便会失去媒介支持。

3. 人连接大脑

从字面来看，这一点并不涉及网络的因素。但在我的定义里，人与大脑的连接过去指的是电脑，当下则是指方兴未艾的人工智能（AI）。AI的应用范围非常广泛，大到工厂的生产线，小到AI体验眼镜，人工智能技术已经成为各大科技公司争相开发的热点领域，但因为时间和整体水平原因，人连接大脑的AI赛道群雄并起，还没有成功垄断的企业。

之所以将人与大脑的连接视为三个新连接的最后一个，是因为它代表着超级带货未来的发展方向。或许终有一天，消费者不再自主下单，企业面对的销售对象将是一个又一个深谙主人购物心理的人工智能机器，且让我们拭目以待。

1.3.3　企业转型的三大迁移

要想实现超级带货，需要企业在运营思维上实现从三个旧连接向三个新连接的转变，这种思维模式的变化，会给企业的发展带来深远影响，从而实现企业的转型升级，为企业开创出一条全新的第二曲线。具体可体现为以下三大迁移：

1. 品牌迁移

在互联网发展初期阶段，国内的企业分成了两大类"厂牌"的互相竞争，其一是将尚未发展成熟的互联网技术作为未来盈利核心的互联网企业；其二是使用原有方式经营的传统企业。在竞争的过程中，双方互有输赢。

实际上，当网络开始普遍应用之后，互联网企业这种说法已经不复存在，因为几乎所有的企业都在使用互联网。所以，很多传统品牌也开始向互联网行业迁移。当然这只是品牌迁移的一种表现形式。

随着社会经济的发展，Z世代已经逐渐成为消费者的主流群体。在这种情况下，企业经营的重点也开始向这部分年轻人靠拢，由此带来了品牌向年轻化形象的迁移。

随着网络逐渐成为人们获取信息的主要渠道，企业的宣传和营销中心也开始从过去的纸媒、电视媒体等传统渠道，迁移到网络渠道。

2. 产品迁移

前面我们提到三个新连接中人与设备、人与大脑的连接，是因为智能设备和人工智能技术的出现而产生的。其实这些新技术的出现，最直接的改变就是企业生产的产品类型的迁移。

就像电灯取代煤油灯之后，一批生产煤油灯的企业逐渐消亡；就像在节能灯取代白炽灯之后，大量的白炽灯企业转型的过程一样，新事物的出现会让企业的生产发生剧烈的变化。当新技术所造就的新产品成为人们的消费热点之后，企业为了生存以及获取更多的收益，只能选择进行产品迁移。尤其是在当下这种市场和技术瞬息万变的时代，"一步慢、步步慢"并不是夸张的说法，如果企业没能及时抓住新类型产品问世的契机，没能跟紧产品更新迭代的节奏，企业的发展会因为一次停滞而降速，从而失去和同类型企业竞争的能力。这也是现在那么多智能设备生产商，在发现行业内出现新类型产品之后，都会竞相模仿，开发同类型产品的主要原因。

3. 技术迁移

企业的技术迁移，其实有两个方面的含义，一方面指的是企业的发展重心从生产力或者市场，转移到了技术层面；另一方面指的是企业的技术发展，向行业内先进水平靠拢，向优势发展方向看齐。

企业的发展重心向技术领域的迁移其实已经出现了很长时间，随着企业数量的增加，同质竞争日益激烈，技术优势对于企业长久发展的影响越来越重要。纵观各个行业，大多数处在行业前列的企业，都是能够在技术方面领先一步的。比如，在网络基站设备的供应商里，华为称得上是数一数二的品牌，关键就在于华为掌握了完善的5G技术。

而企业技术发展向行业内先进水平靠拢，向优势发展方向看齐，则是因为现在的消费者都对更新的产品有着更强的消费欲望，这是人类的自我发展和社交需求所导致的。而最新产品的出现一定会需要最新科技的辅助，所以掌握了最新科技，就等同于掌握了未来一段时间里的消费热点。但并不是所有企业都能开发出最新的技术，大多数只能向先进者学习，不断地提高自身的技术水平。基于对开发成本和自身传统优势的考量，或许直接使用其他科技企业的发展成果对传统企业显得更为实际一些。比如现在很多科技公司已经开放了云平台，有的甚至提供了直接的营销和管理工具，传统企业都可以借鉴使用它们。

第 2 章　超级带货平台的四大天王

水无源不活，树无根不立，内容没有平台承载，也很难发挥自身的作用。而在这个流量为王的时代，传统社交媒体热度依旧，但一些新兴的综合型平台也不遑多让。其中，拼多多、今日头条、小红书、快手可以称得上是超级带货平台中的四大天王。

2.1 社交即红利：拼多多的崛起之路

2014年3月10日，京东与腾讯建立了战略合作伙伴关系，获得了腾讯提供的微信和手机QQ客户端的一级入口位置及腾讯其他主要平台的支持，成为腾讯电商业务领域的首选合作伙伴。两年后，腾讯又投资了社交电商拼多多，并对其进行战略支持。如今，拼多多的市值一路飙升，截至2019年6月底，平台年活跃买家数达4.832亿人，成为国内仅次于阿里巴巴的第二大电商巨头。

2.1.1 拼多多的快速崛起

2015年成立的拼多多，到2017年，其全年GMV（Gross Merchandise Volume，成交总额）就已经超过千亿元！全年GMV上千亿元，京东用了10年，唯品会用了8年，淘宝用了5年，而拼多多只用了27个月。之后，2018年7月26日，拼多多在美国纳斯达克挂牌上市，再一次刷新了国内电商企业上市准备时间的记录。

同样是电商企业，拼多多只用了三年，就达到了其他很多电商企业用五年甚至十年才能达到的发展高度。这里面，有很多值得深思的地方。

首先，从被超越的一方来看，很多传统的电商企业，在经营方面自然有可取之处，无论是强调服务的质量，还是重视产品的正品率，都为它们在消费者心目中树立了良好的形象，成为它们在激烈的电商市场竞争中脱颖而出的强力武器。

但辩证唯物主义告诉我们"事物都是有两面性的"，这同时也造成了商品价格的提升。对于一、二线城市重视购物体验的消费者来说，价格的适当提升并不会对他们选择购物平台造成太大影响，但三线甚至三线以下城市的消费者群体对价格敏感度更高。

当然，传统电商企业并不是没有发现这种情况，甚至很多企业已经增加了原来并不涉足的一些价格相对较低的产品类型和商家店铺。但对于用户来说，这些传统电商品牌的企业形象早已在消费者心目中固化。打个比方，人们在购买对品牌、快递速度有要求的商品时，会首先考虑京东；但在购买相对价格低廉的普通商品时，则会更加倾向于淘宝。

其实传统电商并没有犯错，它们依然在按照自己既定的路线向前发展，只不过由于早期对自身的定位相对狭窄，这些企业虽然注意到头部电商企业在下沉市场的相对乏力，但无法彻底改变现有平台的结构，只能在后期的发展中依靠更多的力量去一步步地开拓下沉市场。在这个过程中，有些专注于下沉市场的企业便以更高性价比的商品，强势地在三线及三线以下的城市扩张了自己的版图，这就是拼多多的崛起之路。

作为后来居上的一方，拼多多从一开始走的就不是讨好一线市场的发展路线，低至几元钱的商品、各种非知名的品牌、没有自建高速物流……这些似乎都不大符合一、二线城市消费人群的需求。在这个消费升级的时代，除一、二线城市之外的下沉市场，人们的消费需求也在不断增长，网购成为他们的一种潮流。这时候，既能够满足他们的消费需求，而且价格也在他们可接受程度范围之内的拼多多自然成为最佳选择。

因此，尽管拼多多奉行的这种低价策略在早期被很多业内人士诟病，在他们眼中，拼多多的低价可能源于"假货"或"诈骗"，但他们却忽略了重要的一点，那就是他们也是站在一线城市消费者的角度去看待问题的。所谓的"假货"和"诈骗"，其实归根结底不过是成本低廉的产品商家，为了博人眼球而进行的模仿式营销，所造成的视觉与认知的错位。对于下沉市场的消费者而言，他们需要的是消费升级，这些一、二线城市消费者看不上的低价产品，却恰好是他们需要的。所以，拼多多能够在短短的三年发展后成功上市，成为国内的第二大电商企业。

说到这里，不得不提拼多多选择与腾讯合作这一神来之笔。众所周知，电商平台的发展离不开流量的支持，而腾讯旗下的QQ和微信这两款大众社交产品，几乎囊括了绝大多数网络用户。而那些早期强势的传统电商企业之所以没能在这场流量战争中胜出，是因为在这些流量中，他们的目标消费者——一、二线城市人群并不是总人口的主要组成部分，相反，下沉市场的较低收入人群才是主流。

除此之外，人们的购买习惯也是推动拼多多极速发展的一大助力。当购买价格较贵的商品时，人们会习惯于深思熟虑，货比三家；而对于一些极其便宜的商品，人们会本着"占便宜"的心理，即使是一些当下并不需要的商品，也会买回来以备不时之需。拼多多非常善于利用大多数人爱占便宜怕吃亏的消费心理，经常发放一些限时的优惠券，进一步降低商品价格，引导人们的消费行为。与此同时，签到领现金红包的活动，也能有效吸引目标用户进入平台，为低价策略提供巨大的流量支持。

虽然拼多多的创始人黄峥形容自己的成功是70%靠运气，30%靠团队，但不可否认的是，他的这一经营理念与他的个人经历与性格都有着密切的关系。

在求学期间，黄峥就结识了网易创始人丁磊和步步高董事长段永平，前者是中国互联网行业的先驱之一，后者是教导出vivo、OPPO等公司领导人的商业导师级人物，这些都是他的原始人脉。而后来在谷歌和李开复一起开拓中国市场的经历，也让他对中国的互联网行业产生了深刻的认识。从谷歌离职之后，黄峥先后三次创业，都与电子商务相关，由此积累了足够的经验。

所以，拼多多的成功并不是偶然，也并不仅仅是商业模式上的胜利，在某种程度上，可以说是结合了创始人的人脉、认知和经验的最终产物。

2.1.2 拼多多抓住了社交红利

拼多多的快速崛起不是偶然，而是在消费升级大背景下的必然。除了前面说到的这些表面原因之外，拼多多成功的根本原因在于，以拼团模式为主的消费模式，满足了人们在体验高质量生活的同时对于性价比的追求。

在马斯洛提出的需求层次理论中，人类的需求有五种，生存需求、安全需求、社交需求（情感和归属需求）、尊重需求以及自我实现需求。在现代社会，即使是在收入不高的三线及三线以下地区，人们也基本能够满足自身的生存和安全需求。而在这两种需求被满足之后，人们对于情感和归属的社交领域需求就随之提高了。

亚里士多德说过，人类是天生的社会性动物。早在原始时期，为了增强抵御天灾和野兽的能力，人们选择了群居的生活方式。而现在，无论是在学习、生活还是工作的过程中，人们都需要置身于一个群体的范围中才能获取知识和信息。

很多年轻人为了彰显个性而标榜孤独，但实际上，生活在这样一个商品化社会，没有人可以脱离社交而存活。无论是离群索居，还是大隐于市，最起码的生活必需品的补给仍然是需要的，像鲁滨孙那样的十项全能选手，在现实生活中其实很难存在。所以，交换或者消费理所当然会不断发生，社交也因此而存在。

自从进入 21 世纪，互联网终端技术的飞速发展进一步强化了社交的频率和功能。在过去，人们的交往会受到时间和空间的限制，虽然电子通信设备的应用在一定程度上解决了这个问题，但网络的兴起却直接将不同地域串联起来，形成了一个沟通无距离的社会。而拼多多正是因为发现了这种主流社交方式的变化，并有针对性地进行了引导，才能在短短的三年时间里，抓住网络社交红利，成功上市并成为国内第二电商企业。

不同于其他电商企业搭建平台、提供店铺信息供消费者挑选、提供商品供销费者购买的经营方式，拼多多在营销中还加入了拼单的元素。简单来说，就是消费者可以选择多人一起购买同一件商品，通过增加购买数量，降低商品的单位价格。如果说低价策略是拼多多的取胜之匙，那么社交电商就是低价策略的有力后盾。

因此，拼多多的崛起，在很大程度上要归功于微信好友的裂变式传播，**即利用微信的去中心化节点进行精准的商品分发，实现"货找人"的目的。**简单地讲，拼多多巧妙利用了微信平台的扩散作用，让用户主动帮他寻找有同样潜在需求的好友进行分享和拼单，实现精准的人货匹配和快速交易。但这只是拼多多的早期策略。

随着 PC 互联网时代向移动互联网时代的过渡，人们开始更多地利用手机、平板电脑等移动网络终端进行网络购物的操作。屏幕的缩小，意味着智能设备 App 的普遍性大幅提高，也正因为如此，App 的娱乐和生活作用也随之加强。而拼多多在这个背景下，进一步强化了自身的娱乐和社交因素，这一点从拼多多的页面布局就可以看出。不同于传统的电商平台，拼多多并没有设置购物车功能，这就决定了用户不会单纯进行有目的性的购买，而是更多地进行浏览和分享，这样便减少了品牌的沉淀成本，并且能够促使用户快速决策，小单购买。

互联网行业中有这样一句话：运营用户的核心首先是要了解用户，因为只有这样才能实现精准的吸引、分享，最终形成裂变，使生态建设者从中获益。

拼多多深刻地认识到在网络带来的社交红利期内，人们的社交需求不断上升，只要给他们一个契机，就能高效地实现信息的广泛传播。同时，人与人之间成为好友的基础，很大程度上取决于共同的爱好或者需求。所以，拼多多走的其实是一条中心集中突破、分享辐散渗透的社会化零售道路。低价策略就是集中突破的敲门砖，而微信平台的联动则是主动分享的催化剂。

当然，拼多多成功的主要原因是抓住了社交红利，但绝不止于此。就像我们在前面的章节中提到的，拼多多基于社交分享的目的而采取的低价策略，导致出现了一些被人诟病的商品质量问题。基于此，当拼多多具备流量聚合能力之后，就打出了一套严控质量的组合拳。

首先，拼多多深入大数据、供应链、物流等关键环节，带动上游产业链的转型升级。以农产品为例，拼多多实现了农产品上行全流程信息物流联网，以严格的产地监测确保品质。未来拼多多还将努力实现对所有商品SKU（库存量单位）进行全程管理，以技术手段规范质量源头。

其次，拼多多设立了精选机制，平台上的热卖商品均为运营部门筛选推荐，针对不同受众群体进行选品，基于个性化推荐系统，使商品尽可能贴合相应消费阶层的品质诉求。

抓住了社交红利，让拼多多能够以病毒式传播的方式迅速扩散开来；而对商品质量的控制，解决了快速发展阶段口碑方面的后顾之忧。二者合一，才是拼多多成为独角兽的独家秘诀。

2.1.3 拼多多的启示

拼多多的成功并不是偶然，它对人们社交需求的把握，对网络传播的深刻认知，对商品成本和质量的有效协调，都是我们能够直观分析出来的促进因素。其实拼多多的成功还有一些深层的原因，这就是拼多多给我们的启示。

1. 理念至上

拼多多的低价策略让很多人都认为，它的目标消费者群体只是三线及三线以下城市人群。实际上，在拼多多刚成立的时候确实如此，但也仅限于刚刚起步的阶段。我更愿意把这种针对下沉市场的发展战略，看作一种切入市场的针对性措施，目的是在竞争激烈的电商行业中争得一席之地。

自始至终，拼多多最核心的理念依然是把社交因素与电商巧妙结合。所以，在成功占领了三线及三线以下城市的市场之后，拼多多的扩张并没有因为低价策略的限制而止步，反而逐渐在一、二线城市扩大着自己的影响力，这一切的根源都是"无社交、不电商"理念的作用。

无论是高收入水平人群，抑或是三线及三线以下城市低收入人群，对于社交的需求都是一样的。拼多多一贯秉持的社交电商理念，对于人们的影响也是同步的。随着分布式人工智能的运用，拼多多也越来越多地用算法来智能高效匹配供需。

所以，拼多多给我们的第一个启示就是理念至上，无论你选择的发展战略是怎样的，理念的作用最终将决定你的发展上限在哪里。

2. 勇敢者的游戏

在拼多多之前，中国已经存在两家电商行业的巨头，一家是阿里巴巴，一家是京东，还有很多其他的具备一定规模和一定影响力的电商品牌，如苏宁、唯品会等。而对于高性价比电商模式，这些电商企业也不是没有进行过探索。比如，淘宝就有聚划算模块，但最终没有形成气候。而拼多多敢于在这样的市场环境下选择进军电商行业，依旧采用低价拼团作为主要切入点，正面和强大的对手以及失败的经验对抗，其最终的成功也说明，商场始终是勇敢者的游戏，坚信自己的理念与发展战略，才能赢得最终的胜利。

2.2 算法即人性：今日头条的随时随地、千人千面

随着移动互联网时代的到来，智能终端设备得到了越来越广泛的普及，不仅方便了人们的生活和社交，同时也促进了资讯的飞速传播。在此基础上，诞生了很多提供资讯的工具，其中，今日头条坐拥1.4亿用户，堪称个中翘楚。而今日头条的成功，与其随时随地、千人千面的算法有着不可分割的联系。

2.2.1 凡寻找的必能找到

在传统互联网企业中，算法往往被理解为用系统方法描述解决问题的策略机制。也就是说，能够对一定规范的输入，在有限时间内获得所要求的输出。但这种做法在今日头条看来，无疑过于死板，他们的做法是赋予算法人性，然后根据用户的兴趣进行不同的推荐。

类似这种形式的个性化推荐，在很多其他资讯平台上也很常见，比如百度。用户在百度上浏览资讯的时候，所阅读过的内容会形成固定的轨迹。同时，在搜索自己感兴趣内容的时候也会留下记录，而百度会根据这些轨迹和记录的数据来判断用户的个人喜好，然后在用户看完一部分内容后，选择刷新的时候，会在新的内容中增加更多的用户偏爱的类型。这种个性化推荐的算法，不仅广泛存在于大量资讯平台，网络购物平台、外卖服务平台也都在应用。

但是，这种根据用户点击和阅读的数量确定个人喜好的推送方式其实存在着很大的问题。"人们的信息领域会习惯性地被自己的兴趣所引导"，这就是我们常说的信息茧房。而兴趣与需求往往是不对等的，所以根据用户点击和阅读的数量确定个人喜好的推送方式只能让用户浏览自己感兴趣的内容，但用户碰到一些兴趣之外的需求的时候，依然需要自己去检索。

首先，好奇、懒惰是人类的天性，所以有的人难免偶尔会因为一时好奇，浏览一些自己并不需要但吸引人的内容，这时候，如果推送算法单纯以用户的点击和阅读记录粗暴地推荐文章，那么用户的个性化推荐就会充斥着这些内容。而出于懒惰的天性，用户通常也不会去主动纠正，如此一来，算法就彻底陷入了人性陷阱。其次，虽然个性化推荐照顾到用户的喜好，但却依赖于用户的浏览和搜索记录，这种机制对于新用户而言并不友好。

而今日头条在个性化推荐的基础上，进一步强化了推送算法的人性。新用户在注册的时候，系统会提醒用户选择自己感兴趣的内容类型。这样一来，新用户一进到今日头条，就能看到自己喜欢的内容。

除此之外，今日头条在推送的过程中，也会考虑用户所处地区、年龄、性别等个人信息，并从中分析出用户可能需要的资讯类型。比如，今日头条上有一个版块叫作"头条寻人"，在2016年到2018年短短三年间，帮助超过8 000个家庭寻回走失者。"头条寻人"之所以能够具备这么高的工作效率，主要原因就是寻人信息的推送机制。每次得到有人走失的信息后，今日头条会选择在走失地区周边用户的今日头条客户端上以弹窗的形式发布寻人信息，因为离走失地区越近的人越有机会见过走失者，所以寻人信息的发布就能快速地在线索提供者和走失者家属之间建立联系，从而高效地帮助走失者回家。

尽管这种基于地域的信息推送不一定符合用户的喜好，但绝对是每一位心存善念的用户所需要的信息。这就是今日头条对个性化推荐的改进，利用人性化分析的手段挖掘用户的需求而不单纯是通过数据判断用户的喜好，也就是所谓的赋予算法人性。

但算法始终是机械的程序，即便赋予其一定程度的人性，也很难避免算法出现错误的情况，就像我们前面所讲的一样，陷入人性陷阱，这是所有单纯靠数据分析推送算法都不可避免的问题。

所以,今日头条在数据分析的基础上,又增加了人工审核的环节。对于一些财经、政治等严肃信息,进行严格把控,避免内容存在问题的资讯进入用户的界面。靠数据分析确定用户偏好类型,靠人工干预把控内容,从而实现更加高效、更有针对性的资讯分发。

2.2.2 今日头条的随时随地、千人千面

很多人认为,今日头条这种连接人与信息的做法与百度异曲同工,但是仅从表面的估值来看,截止到2019年年中,今日头条的估值已经接近千亿元,超过了百度的市值。由此可见,今日头条的运作自然具备其独特的手段。

从技术层面来讲,早期的今日头条的确只是将各大门户网站和新闻媒体的信息进行转载和加工,然后通过统一的阅读和交互体验分发给不同的用户。但是,这种分发的操作并不像其他资讯平台使用的个性化推荐那么简单,这其中蕴含着今日头条崛起的制胜法宝——智能分发算法。

在今日头条上,用户获取内容的步骤为:打开—阅读,这比以往门户网站时代的信息获取方式(打开—输入—搜索—浏览—阅读)简化了不止一步。算法会根据用户的喜好和需求分发内容,让用户从主动寻找转变为被动享受。

在技术成为互联网发展的核心推动力的今天,今日头条利用智能引擎实现信息分发,做到随时随地、千人千面,这种推荐机制本身就具有飞轮效应,也更符合当下的移动互联网的节奏,形成了极强的用户黏性。

所谓随时随地,其实指的就是今日头条的智能手机客户端,通过与移动互联网终端的连接,可以实现随时随地的信息推送,用户只需要拿出手机就可以阅读各种资讯。千人千面,强调的是今日头条的推送算法对用户的人性

化分析，并根据分析结果为用户指定浏览内容类型的推送过程。人与人的特点不同，对事物的喜好不同，推送的内容自然也千人千面。

而推荐机制的飞轮效应会给用户带来深度愉悦乃至沉迷的效果。信息的推送是一个循环往复的过程，在每一次推送的过程中，除了已知的用户感兴趣的内容以外，还会增加一些类似或相关的其他类型内容，目的是激发用户潜在的需求。如果用户另外的需求被激发，在接下来的推送内容中，便会增加新类型的内容；如果没有针对性地触碰到用户的偏好，已知喜好类型内容依然会继续推送，同时也会继续增加其他类型的内容继续刺激用户的需求。但无论出现哪种情况，信息的推送始终是一个持续向前、循环往复的过程，绝对不会中断。

除了技术层面以外，字节跳动公司在商业领域也实现了有力的突破。通过开通头条号的形式，对平台上的流量和内容进行扶持，没过多久，字节跳动公司又开发了抖音应用，进一步增加了商业化运营的可能性。现在，字节跳动公司的两个王牌产品，一个是今日头条，另一个就是抖音。二者相互联动，开通头条号的用户，会被鼓励去使用抖音。而抖音的用户可以进入今日头条，分享自己创作的内容。这样实现了双平台的流量联动，互为增量，互相促进。

根据酷鹅用户研究院的数据统计显示，2019年短视频行业继续保持高增长态势，短视频用户数量达到了6.4亿人，网络用户使用率达到了78%，总体来看，短视频行业已经成为互联网企业争夺用户使用时间的主要增长入口。

而抖音作为短视频行业中的佼佼者，拥有日活跃用户2.5亿，月活跃用户超过5亿的巨大流量。在抖音与今日头条的联动中，抖音的视频播主可以把自己录制的视频内容同步到今日头条上，这样，抖音的流量可以向今日头条转移，同时也丰富了资讯的内容，在文字、图片以外增加了视频内容。

所以，到目前为止，今日头条的随时随地、千人千面已经不再单纯指平台上的推送与内容，也是在强调分享的随时随地和千人千面。在互联网时代，大众已经不再只能作为内容的受众而阅读或浏览，而是可以通过多种多样的渠道分享自己的见闻，发表自己的见解，而短视频平台就给了人们一个最直接的舞台。

互联网将资讯传播的速度提升到一个前所未有的高度，但提速的同时也催生了各种没有实质内容与营养的所谓流量资讯，它们会通过各种博人眼球的标题和图片，吸引用户点击并观看，但最终的结果不是图文不符就是内容匮乏。我们之所以认可今日头条人性化的推送算法，不仅是因为它能够迎合我们的喜好，帮助我们推送合适的信息，还有一个重要原因是，在人工干预的辅助下，它可以有效地对内容进行筛选，从而避免我们阅读无用信息浪费时间。

2.2.3 今日头条的启示

如果说拼多多是在阿里巴巴、京东以及其他规模化经营的电商企业的包围中成功破局的话，那么今日头条面临的围追堵截其实更为可怕。传统的门户网站在互联网浪潮中成功转型，腾讯新闻、新浪微博更是成功成长为参天大树，今日头条能够在这样的环境中后来者居上，其中必然有合理的缘由。

1. 没有不可能

今日头条的成功，不得不提的是人无我有、人有我优的资讯推送算法，这可以说是今日头条崛起的重中之重。在各大资讯平台还在为流量开发越来越多样化的功能，同时增加越来越多样化的信息的时候，今日头条已经从用户主动探寻的阶段，发展到用户被动享受的阶段。在人性化推送算法的辅助下，今日头条的用户在自己的界面看到的都是自己感兴趣的内容，不需要自己一步步去搜索、寻找，在使用体验上已经远远超过其他平台。

其实这就是在提醒大家，对于企业而言，要想在市场上立足，必须要有自己的核心竞争力，利用自己独特的优势才能保持用户的忠诚。

2. 持续改进

今日头条的第二个成功因素在于其持续改进的企业精神。今日头条在发展的过程中，也曾屡遭人诟病。前期是因为侵权内容大量存在，而后期则是由于推送制度的不完善，使得平台成为低俗信息的集中地，被社会各界批评指责。今日头条的应对方式是，先创建头条号，以原创内容替代侵权内容，后是不断提高系统推送的合理性，增加了人工干预环节，双管齐下有效地解决了问题。

2.3 内容即产品：快手的内容温度

2019年8月，有传闻腾讯向快手投资10亿~15亿美元，这已不是腾讯第一次投资快手，在2017年3月，腾讯便成为快手的投资方，那一轮的投资金额为3.5亿美元。这两次投资让我直接联想起腾讯董事会主席兼首席执行官马化腾先生曾经对快手做出的评价："快手专注于服务普通人日常生活的记录和分享，拉近了人与人之间的距离，是中国移动互联网一款非常贴近用户、有温度、有生命力的产品。"这个评价，或许正是快手屡获腾讯青睐的根源所在。

之所以这样说，是因为一方面快手上的短视频生活气息非常浓厚，当用户在观看时，很容易产生代入感，所以说它是一款贴近用户、有温度的应用；

另一方面，我们前面已经提到，快手在带货方面的独特优势，使它能够直接创造经济价值，不会因为内容运营缺乏经济效益而衰落，所以说它是一款有生命力的产品。

2.3.1 在互联网领域，内容就是产品

在互联网发展的早期，产品往往被认为是某一个企业或者品牌的衍生物，并不需要与用户的价值观挂钩，通常是让用户自发生产内容来丰富产品，也就是所谓 UGC 模式（User Generated Content，用户原创内容）的作用。

而如今这种看法正在被现代互联网所摒弃，越来越多的互联网企业开始重视用户的体验，并根据用户的需求进行产品功能的完善。其中有一种类型的产品在打动用户、激活 UGC 方面做到了无与伦比的程度，甚至在互联网行业内掀起了一股新的浪潮——短视频。

15 秒的碎片化时间，在具有打动人心（或高昂激愤或悲悯可人）的背景音乐下，用户可以反复地观看某一个视频，也可以通过类似的视频进行模仿创造，丰富这个产品的内容池。

在中国，短视频应用的使用人群已经占据了网络用户的近 8 成，尽管如此，还是有很多人并不了解短视频的盈利模式。尤其是平时以观看为主的用户，在他们看来，短视频只是一种消遣和娱乐，不需要购买就可以直接享受内容。但他们忽略了一点，在互联网时代，内容其实就是一种特殊形式的产品。

短视频的制作者通常有两种获利的渠道：第一，通过发布视频，吸引用户的眼球，赢得打赏；第二，通过发布视频，增加个人和账号的名气，通过发布广告和宣传信息，从企业处获利。这两种方式互不干扰，但有前后次序之分。大多数视频播主在发展前期，都是依靠第一种方式获利，而随

着时间的推移以及粉丝数量的增加，就有可能从素人成为网红，个人影响力也会逐渐从小范围扩大到大市场，这时候想要合作的企业自然就会主动找上门来。

当然，在当前市场上以内容为产品的企业除了短视频平台以外，还有很多。比如，现在有很多的知识付费平台，通过有偿解答问题，或者发布有指导意义的文章、音频，吸引用户付费阅读，以内容盈利。再比如，很多网络音乐应用，用户通过购买会员或数字专辑的形式，获取音频内容，而平台也因此获利。虽然在互联网思维的影响下，这些以内容为产品的企业都发展得蒸蒸日上，但短视频的发展速度远远高于其他类型产品。这一点，短视频应用7.8亿的用户量就足以说明问题，那么为什么会出现这样的情况呢？主要有以下几个原因：

1. 短视频比其他类型的内容具备更广泛的适用性

图像、文字、语音的综合应用，让短视频的受众范围几乎涵盖所有健全的人。同时，视频的形式也降低了内容的理解难度，用户根据视频的情节就能自然而然地获取信息，不需要额外思考和消化。这也是在学习能力相对属于一般的人群中，短视频应用更加火爆的主要原因。

2. 短视频15秒的体例，更适应现在人群的碎片化时间

短视频体例短小，通常只有15秒左右，对于现在大多数快节奏生活的用户而言，可以更加高效地利用碎片化的娱乐和休息时间。同时在碎片化的时间内，用户还可以观看更多数量的内容，充分满足了人们的猎奇心理。

3. 短视频的制作入门门槛低，民众接受程度高

短视频的大多数制作者都是素人，内容方面也更加生活化，入门门槛较低。而且，这类内容更容易引起广大人民群众的共鸣，相比其他更侧重于专

业性的内容更加受人欢迎。

而内容的受欢迎程度相对较高，从一定程度上也保证了短视频平台在带货方面的强力作用。在内容与带货结合，带货与销售挂钩这方面，快手做得尤其出色。

首先，接地气的内容，更容易赢得观看者的社交认同。快手的"老铁"文化，可以让视频制作者和观看者，更加倾向于以朋友的身份互相交流，这样在带货的过程中，也更容易赢得用户的信任。其次，快手平台上内置购买渠道，将带货与销售有机结合在一起，更加方便带货向消费的转变。

在互联网领域，内容就是产品，而短视频是作为产品的内容中优质的存在。

2.3.2　平民玩快手，网红带内容

快手真正以短视频平台的形式出现在市场上是在 2013 年，其前身是一款制作、分享 GIF 图片的手机应用。由于人们社交分享形式的发展和智能网络终端的逐渐普及，快手发现了短视频行业的商机，果断进军并做出了优秀的成绩。另外，快手带货还有一个原因，那就是私域流量。快手对私域流量价值的深耕，正在为平民百姓打开新一波互联网红利的大门。

私域流量指的是能被内容创作者掌握的流量。它的主动权在个人，像是微信公众号、朋友圈等都属于私域流量。在以私域流量为主的平台中，即使创作者的粉丝量不多，但只要有支持、喜欢并且信任他的粉丝，创作者依旧可以通过适当的运营手段，如直播带货、电商带货、广告、知识付费等多种方式变现。私域流量利于腰部及底部的平民百姓变现，它的优势是流量稳定，变现可控。

而微博、各大电商则属于以公域流量为主的平台。在这些平台上，内容创作者的流量几乎不受自己控制，依赖于平台的分发逻辑。内容作品的流量不稳定，也导致了变现的难以掌控。在以公域流量为主的平台上，内容创作者作品的曝光度受限于平台的控制，可以说，他们的命脉被牢牢掌握在平台手中。这无疑会让创作者感到焦虑不安，他们更希望主动掌控流量，时日一长，便慢慢转向快手等以私域流量为主的平台。

快手短视频带货能力强，效果也更容易评估。因为快手平台上，有直接的购买渠道，带货的效果根据商品销售的情况，可以一目了然地分析出来。

更重要的是，**短视频行业整体的流量在增长，成为注意力富矿，能够以相对低廉的价格供给大量的流量，因此成为很多广告商的心头好。而这一点，又正好迎合了2019年"品效合一"的趋势**。快手堪称移动互联网时期继微信和微博之后的极大流量入口，各大企业都想依傍快手这个超级平台，生产出有价值的内容，进而与用户形成有效连接，获取内容和价值的变现。

快手上的播主大多走的是接地气的路线，但网红㊀还是有很多不同的类型，这就意味着不同的网红吸引到的用户群体也是不同的。比如，年轻漂亮的网红，吸引的大多是对颜值有一定追求的用户；而才艺出众的网红，吸引的主要是有才艺方面喜好的用户。

所以，企业在选择网红进行带货操作的时候，要根据自己产品与网红类型的匹配程度进行衡量。假设企业销售的是一款美容类产品，那么年轻漂亮的网红自然是首选，这样在带货的过程中，对颜值有一定追求的用户也会有更高的概率被影响。而如果销售同样的产品，企业选择一个以才艺为主、颜值一般的网红合作，那么在视频内容中，即使网红大力宣传，但自身的条件

㊀ 关于网红的说明请参考1.1.2小节。

和产品并不匹配，在用户看来，反而会是一种反作用，让人觉得这个产品的效果不过如此。这样会导致不会有太多粉丝选择购买。

快手是一个全民平台，用户多代表市场广阔，但同样也意味着众口难调。而网红的存在，给了企业一个用户特点划分的良好契机。通过网红的气质、特点，我们可以直观地分析出他的粉丝群体是什么类型。然后根据这个分析结果，有针对性地选择合作网红，就可以确保产品有效地到达目标消费者面前，发挥良好的带货作用。

2.3.3 快手的启示

短视频虽然是一个新兴行业，但国内的相关各种平台已经层出不穷，都想要瓜分行业红利。那么，在众多竞争对手中，快手是如何做到名列前茅、日活超2亿人的呢？这中间有很多需要我们学习的地方。

1. 细节决定成败

快手有一个口号，叫作"记录世界，记录你"，这一口号充分显示了快手对用户的尊重。把自己放在了一个工具的位置，用户才是这个应用的主体。而在抖音的标语"记录美好生活"中，更多的是把内容放在了主位。同时，快手也是在强调用户的个性，你就是你，真实而独一无二，我们要记录的也是这个充满个人风格的你。在这种尊重的前提下，用户可以更加自由地展示真实的自我，抒发真实的感情，而真情实感最终又能够让用户自动自发地生产出高质量的内容。

其实对用户的尊重只是一个小小的细节，很多其他短视频平台虽然没有明确表示出来，但在实际使用中也会让用户有同样的感受。但快手胜在它把这种尊重直白地表达了出来，让人们直截了当地感受到这种尊重，从而让人们更加偏爱这个平台，这就是细节的力量。

而从平台对作品的偏好来看，抖音平台上经过前期设计和后期精心剪辑的内容更加受人欢迎，所以很多MCN（短视频机构）辅助的网红可以在抖音上成名。而快手对于原创的平民内容更加偏爱，能够让真正的素人在平台上走红。

对平民用户的尊重和友善，让快手成为一个有温度的短视频平台，业界对此有口皆碑。

2. 参与感

短视频平台是一个用户创作、用户观看、用户分享的平台，在这个过程中，用户是永恒不变的主题。短视频平台想要保持用户创作的持续性，就需要让用户在制作分享的过程中，得到心理满足感。而满足感和参与感是成正比的，用户的参与感越强，最终获得的满足感也越大。而用户在观看、制作的过程中收获了参与感和满足感，就会反哺对优质内容的生产，这是一个正向循环。

当用户在快手平台上发布视频的时候，在视频作品上会有明确的作者名称显示，这也就意味着在视频作品上会打上强烈的用户个人标签。除此之外，在视频页面还会有直观的点赞、评论数据统计，视频制作者可以随时看到数据的变化，增加自己的成就感。

3. 有温度

快手上至今也没有醒目的分栏标签，也不会有大V平台推荐，更多的是普通人在快手上记录日常生活的点滴片段：可能是记录自家孩子叫的第一声爸爸，或是自己反手扣了一个漂亮的篮，也可能是终于又完成一幅石刻画……

"普惠"是快手词库里最近常常提及的词语，快手提供给大众的不仅仅是一个展示的平台，许多人通过在这里分享和记录生活，找到快乐。这种快乐，每一个人都可以公平拥有，无论是在写字楼格子间工作的白领，还是在高空作业的"蜘蛛侠"，在快手上并没有职业的区别和年龄的界限，只要用户愿意，都能在快手找到自己的一方天地。

当年创始人宿华给快手定下了这样的基本原则——给普通人用，没有明星导向，不捧红人，做一只隐形的手。他将这种原则应用在快手的算法上，相对公平的推荐分发机制和注意力分配原则，让每个人都有机会被看到。换句话说，快手的算法是有价值观的。

技术使得每一个微小的生活片段，都能被找到和被认可，每个用户都可以在快手上得到世界的关注，消减一点孤独感，提升一点幸福感。这就是快手的温度，也是快手成为超级带货平台四大天王之一的根源所在。

2.4 数据即势能：知乎的问答式引导和小红书的种草

在众多现象级流量平台中，知乎和小红书一直被用户视作商业潮流下的一股清流，当其他平台都在绞尽脑汁地思索并实践流量变现"套路"的时候，前者却始终坚持自己专业性知识分享平台的定位，而后者也一直以点评分享平台的特点活跃在用户的网络设备当中。但是，于无声处听惊雷，当数据积累到一定程度，带货的作用也会随之水涨船高。

2.4.1 凡走过的必留下痕迹

马云曾说过，互联网提供生产关系，云计算是生产力，大数据就是生产资料。这就说明了数据对于一个企业来讲就是一种隐性的资产。这种资产日积月累，终有一天会迸发，并给企业创造巨大的资产价值。

换句话说，数据是互联网的驱动力。但数据究竟是如何产生的呢？现代法证学之父埃德蒙·罗卡（Edmond Locard）曾经说过："凡两个物体接触，会产生转移现象。即会带走一些东西，亦会留下一些东西。"这句话我常常简化为"凡走过的必留下痕迹"，同样可以用来解释数据形成的过程。

所谓数据，在计算机领域约定俗成的定义是"所有能输入到计算机并被计算机程序处理的符号的介质的总称，是用于输入电子计算机进行处理，具有一定意义的数字、字母、符号和模拟量等的通称。"通常主要以二进制信息单元0和1的形式表示。

我们在网络环境下使用软件和网站时，网络终端设备会将信息转化为可以传输的电子信号或者光信号，然后传输给服务器，服务器通过解读我们的信息，将有效的反馈信息以电子信号或者光信号的形式展现在软件或网站上。在这个过程中，信息的上传下达至少需要经历三个关键节点，输出端（网络终端设备）、服务器（信息转码）、输入端（软件或网站），在传输的过程中，信息的流转会形成记录，每一条记录都可以成为一个数据。

在现实生活中，有很多人出于隐私保护的需求，选择删除自己的网络使用记录，但实际上这种操作并不能完全消除数据。就像前面我们说过的一样，"凡走过的必留下痕迹"，信息的传导是一个双向的过程，你可以清除自己操作端口的机器记忆，但对于服务器和输入端的数据却无能为力。

以网络购物平台为例，当我们在软件或者网站中搜索某种我们需要的商品时，作为输出端，在我们的网络终端设备上搜索的记录会被保留下来。与此同时，作为输入端的软件或者网站也会将我们搜索的记录保存下来。我们在删除历史记录的时候，只能将我们使用的软件和网站上关于我们自己的以往记录清除，但在软件或者网站的后台数据中，依然可以找到这些已经删除的内容。甚至，即使软件或者网站同时清除了关于用户的数据，在网络供应商的服务器中也能够找到相应的记录。

大数据渗透到人们生活方方面面，既关乎商业伦理，又关系到每一个人的隐私。我们不可能因噎废食，为了防止数据的流失与滥用，便完全禁止移动互联网的发展。国家和各级地方政府已采取积极态度，进行大量数据立法方面的准备工作和有效尝试，比如对互联网用户产生的大数据进行分析和挖掘，如果是为了更好地服务用户，就允许其在安全管控下有条件地使用，如果用于其他用途，就会严格管控，禁止商家随意使用。

从企业的层面而言，真实有效的数据是合理分析消费者需求、准确描绘用户画像的基础，在大数据的支持下，实现企业高效经营会变得更加简单、迅速。当然，一切的前提是合法合规，不随意滥用。

2.4.2 知乎的消费抉择影响力

知乎平台上一般只存在两种形式的用户，一种是提问的人，另一种是回答的人。这两种不同的类型，分别代表了两种用户使用平台的目的。

在知乎平台提出问题、寻求答案的用户，通常是出于自我提升和提高效率的目的。知乎作为第二现场，能够从很多不同的角度对一个问题或知识点进行具体解析，这对于用户发散思维、学习知识有很大帮助。同时，当用户遇到具体问题的时候，通过提问可以迅速地找到对症下药的有效方法，提高解决问题的效率。

而对于回答别人提问的用户来说，每一次回答的过程都是一次知识的分享，有的人分享是为了获取别人的认可，寻找共鸣，满足自身的社交需求；还有的人是利用这种方式和其他相同专业领域的人形成直接交流，取长补短，从而达到自我提升、自我认同的目的。

■ 超级带货

当然，无论出于何种目的，提问的用户想要获得有效的答案，回答的用户能够提供专业的建议，是知乎平台始终坚持的原则。而数据的有用性、有效性，使得用户对平台的信任度大大上升，这也是知乎在同类型产品中能够占据优势地位的主要原因。也正是因为如此，作为一个知识共享平台，知乎才具备了带货的可能性。例如，一个"汽车选购"话题下有超过999条的讨论内容和近170万的用户关注。

知乎对于用户消费选择的强有力影响，来自于问答数据的真实有效性。因为信赖，所以愿意相信平台上的信息。除了这一点之外，知乎问答信息的潮流指向性，也是保证平台对用户消费选择有引导能力的主要原因之一。

从当前的市场特点来看，人们的消费行为已经染上了浓重的潮流色彩。每当一个新款产品问世，或者新的营销活动展开，也就意味着一个新的消费热点和讨论热点的到来，而在承载用户讨论的主要平台中，知乎占据了重要的地位。

2018年10月，小米推出新款手机"小米MIX 3"的时候，知乎上关于这款产品的讨论人数达到了167.9万人；而"双十一"购物狂欢节期间，知乎上关于消费方面的话题讨论热度达到了各自的峰值，比如零食、香水、耳机等，同时关于什么商品"值得买"的话题讨论人数也到了24万人以上。

知乎平台讨论热点和消费热点的同步，实际上是用户的一种消费本能所造成的现象，人们倾向于购买潮流性产品，而在购买之前大多数人为了保证自己的消费体验，会选择事先了解，而知乎相对专业的特点，自然会成为用户提问或寻找信息的主要平台。而这种现象的出现，从带货的角度来说，意味着知乎的带货内容对于用户消费选择具备更加有时效性的影响力。

说到这里，有一点还需要大家注意，上文所说的知乎数据的真实有效性和潮流指向性都是建立在大量数据的基础上的。如果数据的数量达不到一定水平，即便真实性达到了一定水平，潮流因素也包含其中，但在用户看来，可信度依然不高。

2.4.3 知乎的"去营销化"式问答

熟悉知乎的人大概都了解，知乎在成立早期的公开测试阶段，选择了邀请制的注册方式。也是从那时候开始，在用户心目当中，知乎给自己贴上了一个非常醒目的标签——专业。从过去到现在，这个标签一直是知乎区别于其他同类型平台的主要因素，同时也是知乎能够在众多先行者的优势市场中破局而出的关键所在。但是，在商业化的过程中，这种专业的定位却也是一种"甜蜜的负担"。

前面我们也讲到，知乎的专业性是它能够在开放注册的短短六年间，积累2.2亿用户的取胜之匙。而上亿级的流量，在一定程度上保证了消费者群体的数量，对于带货而言是良好的市场基础。但是，这种专业也注定了自带营销气质的带货内容很难直接出现在平台上，即使出现了也会被其他充满干货内容的优质问答挤占优势位置，从而失去带货的作用。

但路都是人走出来的，现在平台上已经有很多用户认识到了这一点，所以在带货的过程中，很多人通过"去营销化"的问答内容实现带货目的。

最常见的"去营销化"的问答有两种形式，一种是隐晦的推荐，在回答别人关于消费选择方面问题的时候，从专业的角度，罗列一些符合用户需求的产品类型，并根据产品的不同特点，向用户介绍各自的优缺点。但在这个过程中，对于需要带货的产品，回答的用户会尽可能多地介绍产品的优点，同时为了保证真实性，也会涉及一些产品的缺点，但通常只是一带而过，并且避重就轻，只介绍相对微小的问题。这样的话，提问的用户在内容的引导和暗示下，自然会优先选择优点更多、缺点更少的产品。

除此之外，"去营销化"的问答还有一种形式就是经验分享。有些时候，这些经验并不一定是回答的用户自身的真实体验，但这种消费体验或者产品体验的分享形式，总是能够轻易地影响用户的消费选择，而且也不会让用户产生看到营销内容的感觉。要知道，我们在平时的消费过程中，就很信赖这种来自别人的经验，很多人在购买某种类型的商品之前，都会向有过购买经验的亲人或者朋友请教何种品牌和型号更加适用。这种消费习惯体现在网络环境下，也表现为在网购时对其他用户评价的重视。而小红书以点评内容分享进行带货，也是同样的道理。

2.4.4　小红书的点评数据沉淀

过去人们在消费中，相比广告中出现的光鲜亮丽的商品，更倾向于选择熟人推荐的品牌。而在如今的网络时代，我们获取信息的渠道被大大增加，但大家依然比较相信更多人选择的产品。因此，我们在购买商品（尤其是网购）时，会去详细地查看商品的销售和评价数据。比如，月销量是多少、好评率是多少，这也是现在很多网店卖家会为了一个好评绞尽脑汁讨好消费者的主要原因。小红书与传统电商渠道先销售、后评价的方式不同，它采用的是先"种草"、后销售的模式：利用少数具备较大影响力的网红或明星，以及大量普通用户的评价，形成数据打造的"种草"势能，强有力地拉动产品的销售。

小红书上的内容基本是用户自身对某种产品的使用体验和生活技巧的分享，也被称为"距离消费者最近的内容凭条"。实际上，内容是小红书的命脉所在，毕竟分享没有成本，用户可以自由地在平台上发布自己的消费体验和记录。

虽然内容的丰富造就了平台的全面性，但同时也导致了内容质量的参差不齐。为了规范管理用户发布的点评数据，小红书在平台上建立了自己独有的评分体系"小红心"，以及消费决策榜单"小红心大赏"。在用户发布了点评内容之后，平台会让用户根据产品使用的具体情况，进行综合维度的评分，形成该商品的"小红心"，并在各个品类的不同维度下推出"小红心大赏"榜单。

在评价体系的约束下，小红书的点评内容得到了合理的分类和规划，用户也可以通过搜索或者精准筛选找到自己需要的产品点评数据。

小红书的成功，并不只是因为发现并应用了点评内容，对用户的消费起到了引导作用，长时间积累的点评数据也是重要的因素之一。"三人成虎"，当相同的意见聚集在一起，形成一定数量，即使事实并非如此，人们也愿意相信。而在小红书这样的平台上，对用户消费引导作用的强弱，与点评数据的积累有着紧密的联系。

比如同类型的产品，在小红书上进行销售，其中一个有着成百上千条点评数据记录，其中并不都是好评，也有一部分评价是认为该产品存在一些问题；而另一种产品，点评数据记录寥寥无几，但都是好评。对于用户来说，前者显然更加真实、有效。

小红书在进行点评数据沉淀的时候，也非常重视内容的挑选，所以我们在小红书上看到的点评大多都是图文并茂、内容翔实的。这也是为了保证点评数据的有效性而进行的操作。

当然，点评数据是用户"种草"的重要促进因素，但是，除此之外，明星的点评及推荐也是促进用户"种草"的一个非常重要的原因。发展至今天，小红书已经在商业化方面探索出阶段性的结果，除了电商业务以外，还与美妆、时尚、出行、汽车、母婴等领域的品牌展开了广告合作。从一个非营利性质的点评分享社区发展为一个综合的购物平台，小红书通过人与内容的有效结合，激发了用户各个方面的需求，从而成功实现了转型。

2.4.5 知乎和小红书的启示

互联网的出现与发展，在企业与用户之间搭建了一条快速直达的道路，让用户可以更加直接、高效地了解企业的产品和服务。但这种联系不只是单边的，还是多边的，与用户形成连接的不只是一家企业，还有很多其他同类型企业。这也是当下企业竞争愈发激烈的原因之一。

同类型的产品、同样的市场、同样的目标消费者群体，在当下的企业竞争中，获胜的关键在于得到用户的青睐。在这一点上，小红书和知乎的做法值得借鉴。

1. 受人欢迎

人类的社交分享往往带有各种各样的目的，有的是为了获取人们的认同，有的是为了炫耀自己的生活，还有的是为了学习更多的知识。

但社交分享的达成不可能只是靠单方面的发布，真正让用户获得满足感的是当自己分享的内容得到别人认可的时候。而小红书和知乎做的，正是为用户提供一个自由分享的平台，让很多有共同喜好或者共同专业知识的人群可以聚集在一起，通过点评内容的分享形成有效的交流，从而使用户收获满足感，也正是因为如此，小红书才受到很多用户的欢迎。

而受欢迎程度的提高，为小红书带来了源源不断的用户流量，为发展夯实了基础。

2. 全力以赴

在同质化竞争越来越激烈的当下，很多企业在开发产品时，为了拉近与用户之间的关系，会在产品中设置很多人性化的细节，以提高用户的使用体验。比如，以前的智能手机偏重性能与网络功能，但样式比较死板，其他细节也不够完善。而现在的智能手机产品，在外形上越来越追求潮流与美观，流线形外壳、金属质感的机身、五彩缤纷的颜色等，都是为了让用户在细节方面对产品产生满意的感觉。

而在人性化方面，小红书的做法更加彻底，完全将自己的品牌进行了用户化。使用过小红书的用户应该都知道，在小红书上，很少能够看到带有平台色彩的事物，大家都是在浏览别人的分享，然后通过购物功能购买商品，平台除了提供一个根据用户评分统计的数据之外，基本没有任何影响用户的操作。这种自由度和公平、公正、公开的环境，也是很多用户喜欢使用小红书的主要因素。同样的道理，知乎平台的做法与小红书如出一辙，平台只是一个平台，无论是问还是答，用户都在一个相对独立的环境中，不会有平台的广告出现。

认准一个方向就全力以赴，既然认定了用户化对发展有利，那么我们就把它做到全面的用户化，这就是小红书和知乎的成功逻辑。

3. 把握机遇，抢占先机

目前，知乎的带货行为还处在雏形阶段，基本还是由用户自发地去进行，平台并没有出台具体的带货方面的制度和政策来规范或者辅助带货行为的发生。但是，从发展趋势来看，知乎的商业化已经是必然要发生的事件，这一点从它上线付费的会员在线课程，如私家课、读书会、Live 讲座等，就可以明显地分析出来。

■ **超级带货**

其实这种形势也是在给我们一个启示,那就是,面对必然的趋势,我们要把握机遇,抢占先机。从企业发展的历史来看,大多数达到行业优秀水平的企业都能够在某个发展阶段,发现市场发展的未来走向,并利用这种"先见之明"建立或者巩固自己的优势地位。比如,阿里巴巴借助了互联网早期的发展红利;拼多多利用了消费升级下,下沉市场的红利。

所以当我们明确地知道,知乎的商业化已经是必然趋势的时候,企业要做的就是尽快探索出一套适合自己的知乎带货模式,并且尽早在平台上进行布局,这样才能有效地抓住早期的流量红利,加速自己的发展。

第3章　超级带货的十大战术原则

人口红利不再，消费需求饱和，消费市场已经从"增量时代"开始迈入"存量时代"，企业的增长也进入到存量竞争的时代。在这场博弈中，纯粹的电商显然不如娱乐化、社交化的营销方式更有吸引力。借助移动互联网工具产生的多种新带货模式，正在成为这个时代企业生存、发展和竞争取胜的方式，谁能够更好地利用这些带货模式，谁就是这场竞争的胜者。

3.1 无条件相信年轻人,并允许试错

每个时代都有"年轻人","年轻人"从来都是社会的新生力量,他们有着更新的消费观念,也有着更新的文化和社会价值观念。Z时代的年轻人,对于当下的商业社会非常重要。他们人数众多而且手里有钱,所以他们不仅是未来市场上的消费担当,也是企业中负责创新和发展的中坚力量。

因此,相信年轻人对市场消费趋势的判断,也相信他们的消费能力,把更大的市场留给年轻人。同时企业也要敢于把更多的权力交给本企业的年轻人,相信他们对年轻人市场的理解和判断,给他们一些试错的机会,让他们有更多的创新和突破。给年轻人更多信任,就等于给企业更多机会。

3.1.1 无条件相信年轻人

信息时代正在让人类社会从前喻文化迈向后喻文化,这就意味着Z时代的年轻人,已经具备接管商业世界话语权的潜质。企业要想让自己的品牌和产品被Z时代的年轻人接受,除了前面提到的要相信年轻人对消费趋势的判断和消费能力以外,更重要的是,要大胆在企业中启用年轻人,让年轻人做年轻人的营销,因为年轻人才更了解年轻人的需求。这样才能让企业与时俱进,占领全新的市场。

但是在现实的企业中,有许多企业家尤其是已经取得很大成就的企业家,却都不太敢相信年轻人,他们觉得年轻人的想法太大胆,认为他们不靠谱。可是,往往是因为这种偏见,才让这些企业没能把握住年轻人的需求,从而痛失了这个最具潜力的市场。

Z时代的年轻人,与X时代(1965~1980年)、Y时代(1981~1995年)的人在文化价值观和消费观念上有着很大的差距。也许在很多前辈甚至大牌

的企业家看来不可思议、行不通的事情，在年轻人的观念里却是正常的、行得通的。一方面，他们有能力为了自己的喜好去消费。而且，这个消费群体具有超前消费的意识，只要是自己喜欢的东西，就会马上付诸行动把它买下来，而不会等到钱攒够了才出手。另一方面，Z时代的年轻人敢于尝鲜，喜欢尝鲜给他们带来的优越感。所以，对于喜欢的东西，他们愿意为了自己的情怀去买单，不在乎是不是值得，不怕承担试错的后果。所以，任何新奇的产品都有可能给他们带来吸引力，不用担心产品是不是与主流文化一致。正是因为他们与前辈在文化价值观和消费观念上有很大差异，所以，企业应大胆启用年轻人，让年轻人去发现他们自己的市场。

2018年8月，一家叫作"奈雪的茶"的茶饮品牌以60亿元的估值成为茶饮行业首家独角兽企业。这是一个针对年轻女性群体的茶饮品牌，无论是产品内容的打造还是产品的包装以及后期的营销，"奈雪的茶"都对准了年轻女性群体的需求。

在产品打造上，"奈雪的茶"打破了传统茶饮单一品类的模式，打造出"茶+软欧包"的新品类，即把茶和面包结合在一起，创造出1+1＞2的效果。而茶饮本身，也是由"茶、水果、糖、芝士和牛奶"几种原料共同组成，而且，水果和茶也都有自己专门的上游供应商，保证了产品的品质。这样的设计，符合时下年轻人喜欢尝鲜的特点，也满足了当下职场年轻人没有时间买早餐和吃早餐的需求——在享受一杯茶饮的同时，用茶饮搭配的软欧包顺便解决了早餐带来的困扰（见图3-1）。

"茶+软欧包"模式的设计灵感，正是来源于创作者本身作为一个年轻人的需求和感受，而这款产品在市场上的反响，也证明了这个设计模式在年轻消费者群体中是受欢迎、有市场的。

图 3-1　年轻人喜欢的"奈雪的茶"和软欧包

除了产品本身之外,"奈雪的茶"在产品外包装的设计上,也是做到了匠心独具。因为消费对象针对的是女性群体,所以在杯子的设计上就充分考虑到女性手小不好握杯这一特点,从而把茶饮的杯子设计成瘦高杯。同时,为了避免女性将口红黏到杯子上,在适合口饮的位置还专门设计了凹槽。这样贴心的设计,自然受到年轻女性消费者的青睐。而这样的设计,也是出自设计者自己作为一名年轻女性喝茶时的经验和感受。

其实,在移动互联网时代,随着消费升级,与"奈雪的茶"一样,同样出自年轻人之手的产品和企业有很多。比如,让年轻人排1~2个小时的队就为喝其一杯奶茶的茶饮品牌"喜茶",其创始人聂云宸也是一位"90后"年轻创业者;打破方便面魔咒的"拉面说"的整体创始团队都是"95后"……所有例子都证明了一件事:年轻人更了解、更熟悉年轻人的消费观和需求,年轻人更容易找到年轻人的市场。

3.1.2　允许试错,企业在试错中成长

很多企业害怕犯错,不敢尝试,担心自己"玩不起"。但是,可以毫不夸张地说,绝大多数企业都是在不断地犯错中成长起来的。尤其是在

移动互联网时代，面对一些新玩法，如果你不去主动尝试，就不会知道这个玩法是否适合当前年轻人的市场。尤其对于创业公司来说，不断试错、不断迭代，是成长的必经之路。

关于试错，互联网业内流传着下面这个小故事：

一位年轻人曾问乔布斯："你的智慧从哪里来？"

乔布斯答："来自精确的判断力。"

年轻人又问："精确的判断力从哪里来？"

乔布斯回答："来自经验的积累。"

年轻人再问："那你的经验又从哪里来？"

乔布斯真诚地回答："来自无数次错误的判断。"

正所谓，失败乃成功之母，每个成功的认识都曾经历过无数次失败，每个正确的结论都来自于无数的试错。一个企业也是如此，无论是产品开发还是市场营销，甚至创业者的创业模式，可以说每一次成功的背后，都会有若干次的试错过程。

1. 产品开发上的试错

一个产品从研发到成品，一定要经过反复的试错、迭代才能成功，在推向市场后，还要继续接受市场的检验，这个过程也是一个试错的过程。从某种程度上来说，产品研发本身就是一个试错的过程。

"试错"在百度百科上的解释是，根据已有的经验采取系统或随机的方式，去尝试各种可能的方法。试错就是在尝试，没有反复的尝试，要想一下子找到那个正确的答案，几乎是不可能的事情。小米公司上市后，雷军说过这样一句话"有机会一定要试一试，其实试错的成本并不高，而错过的成本非常高。"在这里，我要以一个很常见的产品为例，给大家讲一讲这个产品的

■ 超级带货

生产要经过多少次的试错。

速食网红品牌"拉面说"打破了传统方便面的魔咒，上市一年后，就把自己的月销售额卖到了100万元，上市第一年就获取了1 800万元的品牌回报。就这样，在巨头竞争的方便面红海市场上，开拓出一片自己的蓝海市场，实现了从0到1的突破（见图3-2）。

图3-2　拉面说在天猫上的销量截图

在这款方便面产品的打造上，创始人姚启迪和他的合作伙伴耗费了大量的时间，经过了很多次的试错。首先在汤底的打造上，团队在日本一款汤面核心技术的基础上，经过了24次反复烹饪调整，才确定了最终的汤底；而在面条的打造上，团队经过100多次反复尝试，才最终确定了既便于保存，又不损失营养的含水20%的半干生鲜面；在产品配料食材的打磨上，因为配料都是货真价实的真材实料，既要保鲜又要防止变质，团队为此反复试验了多种技术，最终才确定了宇航速冻技术。

一款普通的方便面产品，都需要经过很多次的尝试、试错，才能最终成为成品走向市场，那么对于更为复杂的产品来说，要经过多少次试错才能成功也就可想而知了。所以，不要害怕试错，没有一款产品是不经过试错就可以做得出来的。

2. 业务模式上的试错

在拓展新业务的同时，关闭不合适的业务，一边扩张、一边试错，这可以说是整个中国互联网业通用的逻辑。所有的产品和模式，在推向市场之前，我们都不知道它行不行，市场有自动纠错功能，到市场上一检验，自然就知道了，尤其对创业公司来说更是如此。

美团点评在扩张新业务的时候，关闭了早餐外卖、排队机、Wi-Fi以及松鼠便利店和共享充电宝等十来个项目，这些项目都是在试验一段时间之后，发现不合适而停掉的。外界只看到美团点评在扩张，却没有关注到扩张其实是试错的结果。用王兴的话说，企业内部的项目试错就像是百米赛跑，谁在最短的时间内出线，谁就是最终的胜利者，失败的都是试错后出局的项目。

在互联网领域，所有企业，无论其规模大小、实力强弱，都是在不断试错的过程中完成了自己的扩张。实力较弱的中小企业是在一个赛道上，一个项目、一个项目地试，而实力雄厚的企业，可能同时在几个赛道上试错。

3. 市场营销方式上的试错

一个产品能不能成功占领市场，市场推广和营销在其中占有非常大的比例，有时候甚至会超过产品本身。在产品的推广方式上，更是有着诸多方式上的创新，而每一次创新也都是从无数次试错中走出来的。

营销从来没有一个绝对正确的方式，只有更合适的方式。在移动互联网时代，营销创新的赛道变得更加宽广。所以，相信年轻人，鼓励年轻人大胆创新，允许试错，是这个时代应该赋予年轻人的权力，也是企业应该赋予年轻人的权力。

乔布斯说过："试错比前进更重要。"试错是前进的基础，每一个在竞争中出局的产品、项目或者营销方式，都是此后不断改进和调整的基础和动力，只有经历这个过程，最终才能得到更适合市场的答案。

3.2 小步快跑，快速迭代

雷军说："快速迭代，不断试错，逐步走向成功的彼岸，这是互联网时代的王道。"而在移动互联网时代，迭代的速度需要更快。因为用户的心智在飞速变化，如果跟不上消费者的需求，你就会被淘汰出局。在移动互联网时代，企业如果不前进，那么不是停止也不是后退，而是死路一条。

3.2.1 迭代，让产品走在趋于完美的路上

迭代就是重复反馈过程的活动，每一次对过程的重复就是一次迭代，每一个迭代的结果都是下一个过程的初始。简单来说，产品的迭代就是根据用户的反馈不断调整产品的品质，从而让产品更符合用户的需求，为用户提供更好的服务。同时，产品迭代的过程也是一个不断发现问题、解决问题的过程，在这个过程中，项目失败的风险也会随之降低。换句话说就是，迭代是产品在走向完美的路上不断改进升级的过程。没有一个产品从一开始就是完美的，只有在投放到市场上接受用户的检验之后，再根据市场的反馈进行不断调整，才能逐渐趋于完美。

即使一款产品在刚上市的时候，市场反响很好，也拥有了大批忠实用户，但是随着时间的推移，行业技术、消费者消费心理以及同行业竞品都在发生变化，如果产品依然保持不变，就很难再适应外界的这些变化，甚至还会面

临被淘汰的风险。因此，产品要根据这些外界的变化随时进行更新迭代，这样才能保证拥有持续的市场竞争力。

传统行业中曾有一个很神奇的故事：义乌一个做饮料吸管生意的老板，在每100个吸管的利润只有0.08元的情况下，靠着不断打磨产品，快速地更新迭代，把这个生意做到了世界第一，在全世界拥有这个产品三分之二的专利。

一个小小的饮料吸管，也可以通过不断地更新迭代，从而占领全世界大部分的市场，足见技术创新和产品迭代对企业来说是多么重要。时代在变化，消费者的消费理念在变化，要想让产品在市场上能够持续占据一席之地，就一定要做到跟随消费者的理念进行调整和改进，迭代更新。

3.2.2 瞄准最简单的需求，快速冲到第一

任何产品都不可能一下子做到完美，所以在迭代的时候，不需要把产品所有的缺陷都补好之后再迭代，那样需要太长时间，或者根本无法做到。迭代需要小步快跑，瞄准消费者在某一方面的需求，然后在产品相关的细节上做出调整和改进，快速升级然后推向市场。这样才能以最快的速度，第一时间在这个领域占领第一的位置，甩开其他产品。

1. 产品的迭代，做永远的测试版

谷歌邮箱Gmail有句名言"永远测试版"，意思就是产品要永远保持更新的状态，随时等候消费者评判，没有终点。曾经以"排队就为一杯奶茶"而走红网络的茶饮品牌"喜茶"，同样始终秉承着"永远测试版"的原则。

喜茶的迭代非常快，一年会研究出几十款产品，而且每款产品都要做内测，内测不合格就不会推向市场。同时，在新品推向市场的时候，会将原来

的产品下架，所以，菜单上虽然始终只有20多款产品，但每一款都是迭代的新产品。

新品上市第一周获得的反馈最多，也最容易修改。每一款新品推出之前，都会在店面门口放一张海报，提示顾客到店品尝。然后喜茶再把顾客的反馈收集起来，对新品进行进一步的微调，保证新品更符合消费者口味。这样，产品正式上市的时候，就更容易成为爆款。

当然，真正迭代比较多的，还是在市场上累积时间比较长的经典品种。比如，"金凤茶王"就是通过一次一次地迭代，逐渐降低了茶的苦涩味，提高了茶的香味，从而打造出越来越趋于完美的经典茶王。

喜茶的创始人聂云宸说过，他不相信产品一开始就可以做得很完美，每一个好的产品都必须经过数次迭代才有可能趋于完美。因此，在产品迭代的过程中，不要害怕用户的指责和建议，因为这些都是最宝贵的财富，是产品迭代的方向和动力。另外，让消费者参与到产品的迭代中，也给他们带来了参与感和满足感，这样他们就会自动自发对产品进行分享和传播，从而提升产品和品牌的知名度。

2. 模式的迭代，用最合适的模式占领市场

迭代不仅包括产品的迭代，也包括项目和经营模式的迭代。无论是多个项目多条轨道发展的大企业，还是依靠一个项目打天下的创业企业，在项目和经营模式的选择上，都需要一个不断试错、不断迭代的过程。

"趣学车"是一个全国性的互联网驾校连锁品牌，既有线上App和微信服务端，也有线下完整的驾培服务体系，把互联网驾校和传统驾校的特点融合在一起，成为闯入驾培行业的一匹"小怪兽"。

"小怪兽"的出现就是一个模式不断迭代的过程。"趣学车"最早的模式只是一个服务于驾培系统的App。具有金融学和经济学背景的创始人刘伟俊，从海外学成归来后的第一个创业项目是为国内的驾校做 ERP（企业资源计划）计时系统，也就是帮助驾校通过指纹识别等方式统计学时。在这个过程中，刘伟俊发现了传统驾校存在的服务质量差、收费不透明、等待时间久、教学质量跟不上等痛点。

看到不少从驾校出来的学员开车上路后成为"马路杀手"，刘伟俊决定进入驾培行业，从根源上解决传统驾校存在的问题。彼时正是很多"互联网驾校"兴起的时候，一般来说，其经营模式就是通过一款 App 引流学员，这种方式无疑给传统驾校带来了很大的冲击。但是在公司创建之后一个月，刘伟俊就发现单纯通过互联网做驾培平台的模式行不通，于是他果断调整，把线上引流和线下传统驾校融合在一起，设立了"赛车手驾校"和"机器人驾校"，通过不同的获客渠道，吸引客流。

在此基础上，针对驾培系统因为燃油车成本高而造成的车的档次低、数量少的痛点，"趣学车"又与清行汽车合作，推出电动教练汽车品牌"趣狗"，把电动汽车引入驾陪系统，成为驾培行业"第一批吃螃蟹的人"。与传统燃油汽车相比，电动汽车百公里成本降低了 14%，而且，电动汽车加入了更多高科技元素，更智能、更安全、更环保，更契合当下消费市场年轻、科技、运动、时尚的消费需求，实现了节能环保多方面共赢的价值需求。同时，将电动汽车引入驾培系统，还填补了电动汽车因为续航里程短而造成的市场空缺，实现了电动汽车和驾培系统双赢的局面。

从一款 App 到融合了传统和互联网风格的互联网驾校，再到把电动汽车引入驾培系统，"趣学车"在不断迭代的过程中，瞄准了学车用户的需求，也瞄准了传统驾校的需求，为电动汽车在行业的推广开拓了一片蓝海市场，实现了三方共赢。解决了别人的需求，就等于为自己找到了市场。通过不断的模式升级，刘伟俊在驾培行业开创了一片蓝海，也为其他创业者提供了思路。

3.2.3 天下武功，唯快不破

《爱丽丝漫游仙境》中红桃皇后说过这样一句话："在我们这个地方你必须一直奔跑才能留在原地。"快，在任何时代都是企业竞争的利器。饮料吸管老板因为做到了产品的快速迭代，尽管利润及其微薄，但还是把生意做到了世界第一。所以，生意的好坏，并不完全取决于单品利润的多少，而是能不能快速周转起来。很多看起来利润很薄的生意，只要快速周转、小步快跑，也会获得很好的商业回报。而不少看起来利润很高的生意，则会因为跑不起来，最终变成"高收入的穷光蛋"。

小米是大家公认的迭代速度非常快的企业。雷军说过"'天下武功，唯快不破'，互联网竞争的最大利器就是快。"只有快跑，才能不被落下。

英雄互娱的创始人应书岭讲过，王者荣耀游戏可以在上半年风靡网络，但是，到下半年就被"吃鸡"游戏代替，原因是"吃鸡"游戏的节奏更快，相比较王者荣耀两三分钟一次的爽点，"吃鸡"游戏在一分钟之内就有好几个爽点。因为用户的心智在飞速发展，你的游戏不能跟上用户飞速发展的需求，你就有可能被淘汰出局。

1. 消费者永远期待更新的东西出现

如今是Z世代的天下，他们的思维更加敏捷，更愿意尝试新东西、新事物，来满足自己的需求，同时也愿意为新生事物的试错买单。在这样一个用户心智飞速发展的时代，唯有与时俱进、不断迭代，才能跟上用户的心智发展，跟上用户的需求。

华为的荣耀系列手机针对的消费群体就是年轻人，因此在产品的研发设计方面，从性能、颜值再到性价比，都与现在的年轻人非常匹配。在2019年7月24日的荣耀9X产品发布会上，荣耀总裁赵明表示，荣耀系列就是要"用无与伦比的创新加速度，让对手产品根本无法跟随。"

荣耀在华为手机中属于探索者角色。在荣耀系列创新迭代的过程中，团队大胆地进行了科技方面的探索，把麒麟810、升降式全面屏、华为EROFS超级文件系统和方舟编译等科技都应用起来，用更多的科技手段探索年轻人的需求。结果发现，年轻的消费群体和荣耀花粉对荣耀手机的支持率，会随着手机不断进行的科技探索而持续走高。新品一出来，就有大批年轻用户争相购买，对手机的评价也是达到了100%满意。

Z时代的年轻人，愿意接受挑战，喜欢尝鲜，只要你敢做，他们就敢买。所以，快速的迭代是抓住这股新生代消费力量的重要手段。

2. 网络和科技的发展为快跑提供了条件

移动互联网的出现带动了社会的飞速发展，而随着5G时代的即将到来，关于流量、信息、数据的获取都会变得很简单，甚至瞬间即可完成。在这样的大环境下，很多互联网企业借助AI、大数据、互联网的加持，以人们无法想象的速度在飞速发展着。其实，除了互联网企业以外，许多传统企业也已经发现了快速迭代的秘密，从而走上了快速迭代的道路，比如汽车行业。

2019年7月，造车新势力的代表小鹏电动汽车，在它的新款电动汽车G3 2020款推向市场后的第三天，创始人何小鹏给之前购买2019款智享版电动汽车的用户发了一篇长达4 000字的道歉信（见图3-3）。道歉的原因，是新款车在续航里程上比上一个版本高出40%，但是，价格的升幅却并不是很明显，而两款车推向市场的时间仅仅相差了半年时间。

虽然这一事件让小鹏电动汽车遭遇了一定程度的信任危机，但也从一个侧面反映出，在汽车制造这种相对传统的行业中，快速迭代同样是满足用户需求、提升竞争力的根本所在。

■ 超级带货

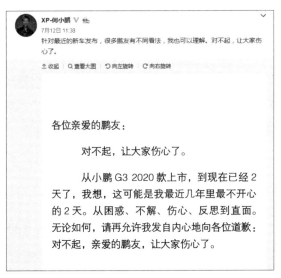

图 3-3 何小鹏写给用户的道歉信截图

蔚来汽车董事长李斌在一次演讲中提到，传统汽车迭代周期是 7~10 年，其中底盘迭代需要 5 年，造型设计需要 3 年，电气架构需要的时间则更长。但是，结合了现代技术的智能汽车，软件可以天天迭代，硬件可以每 30 个月做一次大型迭代，而电池成本的降低，让续航时间也得到了飞速更新。很多新车上市一年甚至半年就落伍了，就像小鹏电动汽车这个事件中的用户，在从预订到提车的等待时间里，汽车已经进行了迭代升级，结果自己拿到手的车已经是旧款。

网络和科技的发展，为产品更新迭代提供了越来越好的环境和条件。消费者观念的变化，为产品更新迭代提供了越来越丰富的要求。在这个时代，产品只有不断更新迭代，才能不被时代落下。

十年磨一剑的时代已经成为过去，在移动互联网时代的市场上，一个创业项目能不能成功，经过 6~12 个月就可以得出答案。一个新兴市场，只需要一年的时间就会开始一轮洗牌、垄断和淘汰的过程。一家公司从创业到成为独角兽，在美国平均需要 7 年时间，而在中国仅仅需要 4 年。

在这个时代，你的速度决定了你的高度。产品更新迭代，是消费者持续不断的需求，所以快速迭代是这个时代企业发展的必然。在网络、科技和消费者心智都飞速发展的情况下，唯有快速迭代，才能抢占市场。

3.3 立足于品类属性、品牌资产、企业及企业家人设

产品是企业存在的价值证明，销售产品、拿到利润是企业能够生存下来和持续发展下去的重要前提，也是企业经营的最终目的。但是，要想做好销售，首要一点就是做好营销工作，而企业的营销工作包括四个内容：即品类属性、品牌资产、企业人设和企业家人设。

明确产品的品类属性，能够帮助企业迅速找到市场定位和消费者的定位；管理和利用好品牌资产，能够帮助企业的新产品在市场上获得生存的机会，提高旧产品的销量[1]；打理好企业的人设，能够创立一个正面的企业形象；建立企业家人设，能够为企业赢来好的口碑，甚至产生粉丝效益。

3.3.1 品类属性

明确品类属性是企业开展营销的第一步，只有找准了产品定位，才能将产品顺利地推到目标消费者面前。

品类指产品的一个类型，是目标消费者购买产品的单一利益点。比如，茶和酒，是属于饮料品类，但饮料中又不仅仅只有茶和酒，还有奶茶和果汁等。品类还能进行细分，如茶下面还能分绿茶和红茶等，酒下面还有啤酒、白酒和红酒等子品类。属性是指产品的本质和功能，是目标消费者购买产品的主要原因。如茶的属性，能解渴、修养身心等，消费者购买茶也是看中了它能够为自己带来的利益或者能够满足自己的需求。

---

[1] 关于品牌资产的内容将在 3.5 节介绍。——编者注

品类属性是指在某一品类产品的群体消费者心智中，直接反射出的事物所能提供利益的集合。品类属性是按照相关的消费者群体的感知、需求和利益来生成的，它会对品类产品的所有营销活动形成一定的约束力。消费者在商场看到某些商品时，脑海中会自动出现其品类属性信息，如果它与自己的需求和利益相关，就会产生购买行为，如果不相关，消费者就会放弃该商品。

品类属性有一个很大的特点就是继承性，即最大的品类或者说母品类的最基本属性会遗传给下面所有的子品类。如饮料中，茶、果汁和可乐等子品类最基本的解渴属性来自于矿泉水这个母品类的最基础属性，只是茶、果汁和可乐等又在基本属性上有了自己独特的属性，彼此不同，各有价值，才使得每个饮料子品类都在市场上获得了一席之地。

如果不重视产品的品类属性，从研发开始就难以对新产品有一个精准定位，而在产品营销的时候也无法依据品类属性去为产品设计宣传内容、定位目标市场和寻找目标消费者，不仅营销容易失败，最后产品也很容易被市场淘汰出局。

确定产品的品类属性要在产品的共性与个性之间找好平衡点，所以企业要敏锐地认知到，自己的产品是基于哪个总品类，有何种基本属性，应该有什么独特的属性，目标市场是什么等，再依据这些去制定营销策略，开展营销活动。比如，智能手机最基本的属性是通信，如果企业研发出来的拍照手机、音乐手机、商务手机等都没有了手机基本的通信功能，有个性无共性，那么该商品必死无疑。

言及于此，有必要提及"品效合一"的话题。长久以来，人们习惯性地将品牌传播效果和实际带货效果划分为两个阵营，并分别给出不同的评定标准。2017年某护肤品品牌的广告爆火后，引发了两个阵营的激烈冲突：品牌阵营认为超过100万的阅读量、刷屏级的爆发、相关传播合计达到3 000万次以上，都证明了广告的成功；带货阵营却认为这个广告只带来万分之八的销售转化率，转化率太低了，广告显然并不成功，企业应该追求的是品牌传播效果和实际带货效果的合二为一，也就是所谓的"品效合一"。

每个企业都希望自己花出去的钱，既可以带来企业品牌占有率的提升，又能带来实际销量的转化，如果鱼和熊掌不可兼得，适度接受延迟回报也未尝不可，但就怕长期或巨额投入打了水漂。看到这里，你可能忍不住要问："品牌传播和带货效果，真的无法合一吗？"答案当然是否定的！但对企业提出了较高的精准营销要求。

要想实现"品效合一"，企业就必须立足于产品的品类属性去做营销，给产品做精准的品类定位，然后根据品类属性进行与之匹配的宣传和推广。比如，品类定为果汁，就可以用补充天然维生素的属性来做营销；产品品类定为茶，就可以用修身养性的属性来做营销；如果是酒，就可以用不上头、不烧心的属性来做营销……简而言之，就是基于品类属性去做宣传。如果产品的品类没有确认精准，就会给后期的营销策略带来很大偏差，甚至会导致产品的滞销和失败。

几年前，在纳米技术还很少出现在大众视野中的时候，有一家新企业率先从国外引进了纳米去皱纹、痘斑和疤痕的技术。最初，这家企业将这项技术应用在了医美面膜上，想借此打开中国市场。这时候，产品的品类确定为医美面膜，整个营销策略也是围绕这个产品属性来制定的。可是，最终的营销效果却差强人意。因为，医美面膜领域基本已经是红海一片，该企业推入市场的这款面膜，虽然在功效上打着高科技的旗号，但是因为知名度低，加之价格很贵，所以并没有在市场上引起太大波澜。

后来，经过研究分析，该企业转换思路，将这项新技术应用在了去除女性妊娠纹的产品上，并基于此进行了大力宣传，最终大获成功。

很明显，一个产品想要在营销上获得成功，首先就要找准定位，要定位就是基于产品的品类属性。品类属性永远与品类共存，在企业产品创新时也一样，如果研发的产品属性与它所处的品类没能达成一致，就等于违背了其品类属性，最终很难在市场上生存下来。

3.3.2　企业人设

打造和营销好企业的人设是企业获得社会认可和可持续发展的重要条件之一。只有具备一个正面的形象，经营的定位又非常清晰，加之生产的产品主题明确，企业才有可能被消费者认可。

企业人设指的是企业对外展示的形象，消费者会以此对企业产生相应的看法和态度。企业人设包括了企业的产品定位、市场定位和社会定位。产品定位即企业经营的产品主题，比如华为手机的产品定位是国货品牌；市场定位即企业在市场上的主要存在意义，比如一提到公牛集团，消费者立即就会联想到生产王牌插座的企业；社会定位即企业在大众心目中的形象，比如在天灾面前，很多企业会对灾区人民伸出援助之手，这些企业就会被大众熟知并记住。

企业的人设远比想象中的重要，它需要用心经营，而且在经营成功之后，还能够反馈到产品的销售上，使产品的营销可以变得更加轻松有效。

如果企业不重视企业人设的经营，随意变换处事的行为方式，很可能会给企业带来负面影响。比如，很难让消费者对企业产生信任，也很难让消费者对企业所经营的产品有一个清晰的定位认识。如此一来，不仅会影响企业的产品销售，还有可能让企业无法在市场上生存。

另外，当企业人设较为稳固时，更要注意保护形象，要避免一些不当的行为出现，否则就会令消费者产生反感，进而给企业形象带来负面影响。

企业的人设必须保持住，要永远与企业的品牌、企业的主题相一致，才能保证企业有基业长青的机会。

当企业在市场上有了一席之地，企业人设定型后，就可以在企业人设上做产品营销，这样既可以提高产品销量，也可以为企业人设进行更进一步的定位。

华为被称为民族企业，它在社会公众和全体消费者心中，始终都是民族企业中用先进科学技术的代表。而华为在发布新手机时也会标上"国货"等标签，以吸引中国消费者的目光。在2019年下半年公布的全球智能手机出货量数据中，中国市场上华为在2019年第二季度取得了8年以来最高的市场份额，而OPPO等竞争对手的销售量却一直在下降，这里面离不开将企业人设用在经营和营销上的力量。

关于利用企业人设进行营销，有一点需要注意，那就是当消费者已经在心里认定了你的企业人设之后，千万不要尝试去突破，做出与企业人设不符的战略。比如，曾经很成功的霸王洗发水，在防脱发洗发水领域占得半壁江山之后，却调整企业人设，推出了一款霸王可乐，结果惨败。因为这家企业的人设已经在消费者心目中根深蒂固，一提起霸王，大家想到的就是防脱发洗发水。所以，当霸王可乐推出之后，消费者最直观的感受就是，喝霸王可乐就等于喝防脱发洗发水，这样的企业人设转变注定会以失败告终。

3.3.3 企业家人设

企业家人设与企业人设是相辅相成的，尽管现在很多人认为不应将企业家和企业捆绑在一起，但二者之间的联系却很难割断。

每个企业都有一个代表人物，一般是企业的创始人，他们是企业的灵魂人物，一言一行都被大众关注，这也直接影响着企业的经营和消费者对企的态度。如华为的任正非、阿里巴巴的马云、拼多多的黄峥,等等。

如同企业的产品在研发设计的时候就已经有了大致的市场定位一样,企业家最初在面对大众时往往也会有一个相对应的形象,当这个形象固定在消费者心中时,企业家人设就已经建立了起来。企业家人设与企业以及企业产品之间的关系是密不可分的,因为很多时候,企业产品的定位都是企业家想法的投射。

企业家不仅要树立一个正面的人设,同时还要努力将这个形象经营下去。因为,如果企业家人设一旦崩塌,很可能会对企业造成不可挽回的损失。因此,企业在经营企业家人设方向往往会投入很大精力,即使某些时候企业家的人设出现了问题,也要做好公关和营销。比如,有的企业家因为错误言论及不当的行为而人设崩塌,影响了企业的声誉和形象,给企业带来了极大的负面影响;有的创始人因言论不当,甚至被公司董事会"踢"出了自己一手创办的公司……虽然及时进行了危机公关,但想要重塑人设却并非易事。因此,企业家人设与企业的成长发展关系密切,切不可掉以轻心。

企业家的人设有多种多样,无论走的是何种人设,只要建立起来了,就可以从不同人设的不同特点入手,以此为立足点来为企业和产品做营销。

马云之所以被称为"马云爸爸",就是其电商巨头的人设体现。为经营这一人设,他会经常出席各种媒体节目,利用自己的人设来为阿里做无形的宣传。

任正非向来低调,但是,当人们看到他为数不多的一些采访及谈话片段之后,几乎都会被他圈粉。在消费者眼里,任正非的人设就是最强民族企业家的担当,所以他对华为产品的介绍,都能够引发消费者对产品的关注和购买。

由此可见,当企业家有了稳固正面的人设之后,一定要好好经营维持下去,并要通过这种人设给企业的营销带来无形的正面影响;如果由于某些原因导致企业家人设崩塌，也不能自暴自弃，而是应该及时做好危机公关，尽最大努力去重新树立正面人设，把对企业造成的负面影响降到最低限度。

3.4 赢家通吃，头部效应

"人往高处走"是长久以来就存在的一个观点，人们也认可了这种观点，但实际上，为什么人一定要往高处走呢？原因很简单，因为只有站得够高，才能看得够远。这种逻辑转换到企业的经营中，也同样适用，只有在行业中拥有更高的地位，才能获得更多的关注和收益。这就是我们接下来要讲解的企业利润的守护神——头部效应。

当然很多企业认为成为行业第一过于好高骛远，但是我们可以从另外的角度进行操作，比如细分行业、市场，与第一名合作等，这些都是头部效应实现的有效方法。

3.4.1 企业利润的守护神——头部效应

在我们的生活和工作当中，通常会存在一种"第一名法则"，简单来说就是人们只会对在某一方面成为第一名的人比较关注。

比如，在学校里，同学、老师甚至家长，总能记住在班级里考第一名的学生的名字；对于一些记录性质的事物，我们也只能记得第一名的信息，比如能记住世界最高峰是珠穆朗玛峰，或者在某届奥运会上某个项目的金牌得主。而当这种情况发生在商业层面上，在经济学领域有一个专门的名词来形容，就是头部效应。

严格来说，对头部最准确的解释应该是："企业所在赛道里的高价值并且有优势的领域"，而所谓头部效应，指的是企业在经营的过程中，通过合理的观察和判断，抢占高价值的行业头部位置，从而获得发展优势的过程。

■ 超级带货

2018年，Counterpoint发布了一则关于手机行业利润占比的单季度数据报告。报告中的数据显示，苹果公司的利润占行业利润的62%，紧随其后的三星公司，占据17%，第三名的华为，占据8%，这样计算下来，前三名的企业就占据了整个行业利润的87%，而剩余的所有企业只能瓜分剩余13%的利润。

但更现实的情况是，排名4~6的三家公司，OPPO、vivo和小米分别占行业利润的5%、4%、3%，也就是说，这三家公司在剩余13%的利润中，占据了12%。换而言之，手机行业前六名以外的企业，只能分享行业总利润1%的收成，基本处于不盈利的阶段（见图3-4）。

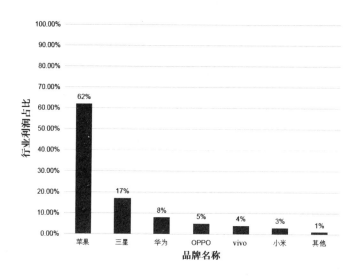

图3-4 2018年第二季度手机行业利润占比统计图

而从全年数据来看，这种情况并没有出现改变。根据2019年Counterpoint发布的数据显示，2018年全年，苹果公司的盈利占据了整个行业的73%，而三星占据13%，中国国内的手机品牌一共占据13%，国际范围内剩余的其他企业占据剩余的1%（见图3-5）。

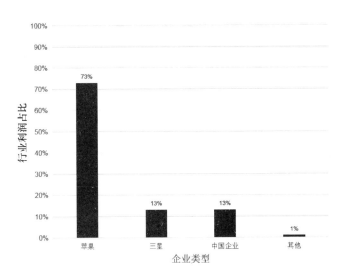

图 3-5 手机企业 2018 年度行业利润占比统计图

从手机行业的各大企业盈利占比情况来看,不难看出头部效应的重要性。那为什么会出现这种情况呢?主要的原因,就是头部企业相比同行业其他企业,拥有三种突出的优势。

首先,从消费者的角度出发,随着消费者收入水平的逐渐提高,大多数人在消费时不再只是单纯地衡量价格,而是开始更多地考虑产品的使用体验。而在这种转变中,企业的名气和口碑也在逐渐发挥着越来越重要的作用。虽然品牌的名气不能完全代表产品的质量,但在某种程度上,口碑可以证明消费者对它的认可程度,而消费者在购买某种产品的时候,除了自己实际的体验以外,最具有影响效力的就是别人对产品的评价。在这种情况下,品牌名气越大的企业,口碑方面自然也越有保障,也正是因为如此,名气大的企业才更容易有优秀的销售业绩,从而获得大量的利润。

其次,从企业自身的角度出发,在大多数情况下,企业的名气与规模是成正比的,而规模与资本也是成正比的。这就意味着,排在行业前列的企业的规模通常也较大,自身建制也会相对完整,最重要的是大型企业往往拥有强力的技术研发或者产品开发团队。而与此同时，企业能够动用的发展资本也远超其他小型企业，所以企业能够提供充足的资源和资金辅助技术以及产品的创新进步。在这个基础上，头部企业开发的产品，无论是从质量还是前瞻性方面，都能比其他企业占据更多的优势，从而吸引更多的用户消费。

最后，从整个行业的角度出发，头部企业在自身所处的行业中，地位等同于羊群中的领头羊，行业整体发展的方向和趋势大都是由头部企业引领的。因此，无论是产品的更新迭代，还是销售渠道的拓展，大多数企业都只能跟随头部企业的脚步进行调整。在一般情况下，头部企业都是第一个吃螃蟹的人。当然机遇与风险总是并行的，有的时候吃到嘴里的是珍馐美味，但有的时候也可能是黑暗料理。

其实头部效应也是互联网时代的市场特点催生的产物，在过去生产力水平有限，商品供不应求的年代，并没有所谓的头部企业。企业无论规模大小，生产的产品质量基本大同小异，价格也是基本处于同一层次，而通常这些产品因为供需关系的原因，都可以成功销售出去。所以，在那个年代，影响企业利润的最重要因素，不是企业的口碑与名气，而是产品生产的数量。

但从现在的市场整体环境来看，生产力水平大幅度提高，企业的数量也不断增长，产品生产的增速远远超过了消费者需求增长的速度。在供过于求的情况下，企业之间的竞争慢慢成为常态化经营中不可或缺的一部分。而由于技术投入和发展方略的不同，不同企业生产的产品也出现了质量和风格的差异，相应地，消费者也获得了更多的选择机会。在这种市场环境下，头部企业所具备的三种优势，能够更加有效地吸引消费者。

从当前的市场发展趋势来分析，未来很长一段时间里，企业之间的竞争强度和频率依然会是不断上升的。而头部企业对利润的收割仍将继续，头部企业能够接连不断地获取充足的发展资金，而其他企业只能勉强维持生存，长此以往，双方之间的差距会越来越大。终有一天，当头部企业耗费大量资源开启一个行业的新纪元之后，消费者随之离去，其他企业就会再也跟不上它们的脚步，只能逐渐沦落，直至倒闭。

所以，从当下到未来，企业对于头部效应的追求和实现，应该是经营中需要着重考虑的课题之一。

3.4.2 头部效应的实现

虽然头部效应的重要性已经逐渐显现出来，但始终是一种高屋建瓴的理论，对于占据企业类型主体的中小企业来说，它们并不理解，也不会花时间和精力去学习这方面的知识，这就是眼界的限制。

很多中小企业老板认为，他们的企业从来都不是行业的头部，也很难成为头部，但他们依然能够获利、生存，这对他们来说就足够了。诚然，中小企业不管从任何角度，都和大型企业有着不可忽视的差距，想要跨过规模和业绩，直接成为整个行业的头部企业显然不太现实。但这并不代表中小企业完全没有机会成为头部企业，虽然不能改变企业的规模和业绩，但可以调整所在的行业。简而言之，就是通过细分行业的方式，将自己所处行业的范围缩小，换句话说就是给自己一个更具体、更细化的企业定位。

众所周知，笔记本电脑和智能手机一样，都是互联网时代的新兴产物。近几年在这个行业中，企业间的竞争也十分激烈，但问题的关键是大家使用的核心零件，从CPU到集成主板，几乎都是使用的同样类型的产品，这也就导致了同等价位下，笔记本电脑的基本性能差距不明显。而在这个基础上，所有具备一定实力的笔记本电脑厂商都想要成为行业的头部企业，但从整个行业来看，同等水平的企业还有很多，想要从中脱颖而出，只能选择细分行业作为主攻领域。

比如苹果电脑，最大的特点就是系统的独立性和显示的细腻性，所以苹果电脑从刚开始，就将主要的目标消费人群定位在设计人员身上。在这种精细化定位之后，虽然不能说苹果电脑是整个笔记本电脑行业中的头部企业，但如果说苹果电脑是设计用电脑行业中的头部企业，没有任何问题。

同样的道理，中小企业也可以借鉴这种做法，在具体细化的过程中，可以从所在行业的垂直领域寻找合适的定位。比如，生产销售钢材的企业，可以把自身的定位细化到某个产品类型上，比如螺纹钢企业、特型钢企业等。通过这种垂直领域的细化，企业在某些方面的优势可以有效地凸显出来，从而提高自己在行业中的排名，加速其成为头部企业的过程。

如果这种细化仍然不能实现企业成为头部企业的目标，我们还可以在自身的细化定位之前，再加上一个市场位置的限制。这对于一些从全国范围来看没有什么特别突出优势，但在自身所在市场范围内有一定影响力的中小企业来说，是它们成为头部企业的最佳方法。

但很多企业的经营者还是会心存疑虑，因为大多数人都认为，只有"广阔天地"才能"大有作为"。这种想法并没有错，更全面的定位可以带来更多的上下游资源；更广阔的市场，可以带来更多的消费者资源。但企业盈利的根本不在于自身得到了多少资源，而是有多少消费者进行了实际的购买。再庞大的市场，再全面的定位，如果企业只是处于一个不起眼的消费边缘地带，那么这些优势对于企业的发展来说根本起不到任何作用。

如果企业能够转化一下思路，从广阔的市场中退出，回归自己的优势，那么消费者对于企业的认可程度往往会比较高，正所谓"宁为鸡头，不做凤尾"，说的就是这个道理。当我们在小行业、小市场，凭借自己头部企业的地位积累了足够的力量之后，接下来就应该逐步地放开自己的定位，扩大自己的市场，这样才能稳步但高效地向行业头部的位置迈进。

所以，对于中小企业来说，最重要的事就是脚踏实地，不要怕行业小、市场小，要知道，所有在小处的积累，都将成为企业踏上更大舞台的垫脚石。

除了前面所说的细化行业、精准定位以外，还有另外一种可以让企业在不是头部的情况下，获得头部效应的方法，那就是和头部企业进行合作，成为它的上游或下游企业。

从国内的市场来看，科技企业发展的环境一直保持良好的状态，但碍于自身技术指向型的特点，在科技突飞猛进、日新月异的时代中，很多中小型科技企业在发展中很难找到长期立足的根本和开拓进取的突破口。所以，很多中小型科技企业选择了依附大企业来求得发展的契机。比如像华为、小米这些国内科技行业的头部企业，就是它们依附的首选对象。华为合作伙伴网络协作框架，小米的米家生态链，都是中小企业与头部企业合作的典型案例。

通过与头部企业的合作，中小企业可以从中获取更多的发展所需资源，同时在地位上也因为合作伙伴的关系，也相应得到提升。对于消费者而言，"爱屋及乌"的心理会让他们在青睐大品牌企业的同时，也对这些合作伙伴形成一定的信任和认可。当然，与头部企业合作最直接的好处还是在于能够得到更多的上下游订单，从而增加自身的收益。在这个过程中，虽然中小企业没有成为真正的行业头部企业，但在头部企业的带动下，或多或少都可以获得一些头部效应的助力。

虽然能够站在行业顶端的企业始终只有几个席位，中小企业在发展的时间和基础上已经失了先机，但梦想还是要有的，即使实现不了，但目标依然存在，我们始终都会走在越来越好的路上。如果满足于现状，不思进取，早晚会被越来越多后起之秀超过，成为别人的垫脚石。

3.5 用足品牌推广的红利期

企业的品牌要经过一定时间才能形成，形成品牌之后，在目标市场上企业的产品才能够得到大部分消费者的认可和喜爱，当消费者想要购买这一品类的产品时，首先想到的就是市场上的相关品牌。比如，买插座时想到的是公牛，买空调时想到的是海尔和格力，买国产手机时想到的是华为、小米、vivo、OPPO，等等。

企业有了口碑，有了品牌，就有了品牌资产，品牌资产也是企业固有的一种资产。如果能够利用品牌资产去为新研发的相关产品做营销，既能为新产品打开销路，也可以很好地管理品牌资产，双管齐下，不仅可以加快企业品牌的传播，也可以加深消费者对品牌的认可度和忠诚度。

如果企业不重视对品牌资产的经营，即使品牌曾经很受消费者认可，企业也很可能在激烈的市场竞争中失去先机。所以，企业必须具备品牌资产需要进行维护和提升的危机意识，这样才能保证消费者不会遗忘自己的品牌。

建设和经营企业品牌的方法有很多，当一个新建品牌刚推向市场时，有一个有限的时间窗口，企业如果能够抓住该时间窗口对市场进行攻击，为自己的品牌做宣传，将品牌推广出去，就能顺利地在市场上生存下来。当一个现有品牌归属的产品或者所处的相关联的行业，有很高的热度和很强的话题度时，如果企业能够站在热度的风口眼疾手快地为自己的品牌开展推广活动，提高品牌的知名度，那么对品牌日后的发展是很有利的。

这两种情况都是利用品牌推广的红利期，企业抓住红利期，能提高品牌曝光量，迅速占领市场或者开发更大的市场。因为红利期流量大，消费者会不自觉地去关注相关品牌信息，就能够为品牌带来更高的曝光，将品牌更深地植入消费者心智中。

3.5.1 抓住红利期，快速开展品牌推广

推广是指企业通过某些渠道将品牌信息告诉消费者的行为，目的是使消费者快速了解产品的优势和特点，能够认同产品的价值。品牌推广是品牌营销系统中最核心的环节，是通过广告、宣传活动等方式在线上、线下传播，从而让更多的人认识企业的产品或服务，使企业的核心理念到达受众方。

红利期是指某行业、某品类正处于受到社会大众关注的时期，有足够的话题和巨大的流量，如现在的电商行业、短视频行业和直播行业，5G手机和生活型人工智能等。用足品牌推广的红利期指的是新建品牌在时间窗口期间通过全渠道去推广品牌，对市场进行饱和式攻击，迅速占领市场；现有品牌利用相关行业、相关品类在当下拥有的热度大力宣传，提高消费者对品牌的认知度。

品牌推广不仅是对品牌标志的推广，还是对品牌形象的传播，将品牌的核心价值观传达给消费者，在提高品牌知名度的同时使消费者对企业有一个准确的认识。品牌推广包括推广的内容和推广的媒介，即企业想要通过什么渠道将什么信息传递给消费者，内容设计的有效性和媒介选择的准确性都影响着推广效果。如果品牌推广时的内容质量低下且方式不恰当，品牌信息依然难以引起消费者的重视，通过各个渠道发布的广告也会在信息的海洋中逐渐被蒸发掉。

对于新建品牌而言，快速把握和抓住重要的市场时间窗口进行饱和式攻击，迅速进入消费者心智、扩张市场份额，是品牌生存下来的机会，是企业能够在最短的时间内得到发展壮大的最佳捷径。

瓜子二手车直卖网不是第一个以C2C（个人与个人之间）模式卖二手车的网站，在它之前有一个先行者"人人车"，但"人人车"没有在品牌刚推向

市场的时候识别到时间窗口，并在这段有限的时间内对市场进行饱和式攻击，而瓜子二手车直卖网在刚出来的时候就通过铺天盖地的广告占领了消费者心智，它是第一个在消费者心智中植入了"C2C买车、没有中间商赚差价"印象的二手车交易公司，因此它能够顺利地占据市场一角，最终将企业持续发展下去。

对于现有品牌而言，借势再生是一个很重要的营销概念，因为无论企业的发展处于哪个时期，品牌推广都不可忽视，企业要善于利用外界的环境来为品牌做推广。当发现市场上出现了与品牌有关联的热门话题时，企业可以借用该话题流量来进一步提高品牌的知名度。

拼多多近几年发展迅猛，市场上大部分消费者都已经对拼多多这个品牌有所了解，但拼多多营销的厉害之处在于永远不停止为自己做宣传。现在关于电商企业、电商平台的话题很容易引起消费者的兴趣，拼多多看到了在电商红利期做品牌推广的价值，它不仅在线上和线下投放相关广告，更是与国内知名综艺节目《快乐大本营》合作，通过节目来发布各种企业活动的消息，其推广效果也是显而易见的。

当然，借助某个行业、某个品类的热度来开展营销推广活动并不是现有品牌的专属策略，对于新建品牌而言，如果能够借势新生，利用该热度来帮助自己打入市场将更有效果。

3.5.2 在红利期做品牌推广的意义

在红利期去做品牌推广对企业的意义，从两个大方向来说就是提高消费者对品牌的认知度、提高品牌在市场上的知名度，最终的效果就是增加企业在消费者心中的影响力和在市场上的竞争力。

当拥有某种特性的新建品牌推向市场时，在时间窗口期内的全渠道去做宣传能够快速让消费者抓住品牌的特性以及与已有品牌的差异，从而成功将品牌植入消费者的心智中。而错过了时间窗口，不仅传播效率低下，而且企业最终也难以得到生存和发展。

当某个行业或品类处于高热度期时，如果现有品牌的企业可以利用该热度去做推广，就能很容易地达到让更多的消费者关注到品牌，引发他们对品牌进行话题讨论的目的。如果有消费者表示品牌体验良好并做出分享时，将会为企业带来更深入的推广，品牌的价值将得到越来越多消费者的认同，自然就提升了品牌的知名度。而此时消费者对于该企业也会产生去关注和深入了解的兴趣，企业的曝光度也就被提高了，企业信息将得到进一步的扩散，产生口碑效应，最后提高了企业在消费者心中、在社会上的影响力。

除此之外，品牌推广的红利期也是一个加深品牌和消费者情感的好时机。这时与消费者进行互动能够丰富品牌文化，使品牌更加生动形象，贴近消费者的需求进而产生更多交易，同过"口口相传"来扩大市场。

3.5.3 如何用足品牌推广的红利期

那么企业要如何用足品牌推广的红利期，如何在时间窗口为企业赢得发展机会、在红利期时帮助企业更上一层楼呢？

一是对品牌推广的内容进行设计，保证传达给消费者的信息是有用的、有效的和高质量的。在设计推广内容时，既要与新建品牌的特性、红利期的话题紧密贴合，又要符合品牌精准的定位，狠抓质量，将品牌的优势给传递给消费者，最大化地保证消费者能够被这些信息所吸引。

二是注重品牌推广的渠道，在时间窗口时期，企业最好在全渠道做宣传，力求让广告信息多出现在消费者眼前，由被动接收信息来引起消费者对品牌的兴趣，最后去自主吸收及了解品牌。在某些行业品类有高热度时，企业可以依据现有品牌特性结合渠道特性来设计和策划，将优质的内容推到消费者面前。

推广要从线上和线下同时进行，线下如小区海报、街道电子屏幕和开展宣传活动等，线上就是利用网络自媒体来传播，如各种网站的网页、微信、电商平台、短视频平台和直播平台等。这里以微信和短视频为例来讲述如何做好品牌推广以及由这两种渠道带来的益处。

1. 在微信上做品牌推广

现在用微信推广品牌还是一个热门话题，微信的朋友圈、公众号等都是流量高、传播速度快、营销效果好的媒介，企业可以选择微信作为品牌推广的一个渠道。不论是新建品牌还是现有品牌，都能利用微信的社交热度来做推广策划。

用微信做品牌推广第一要点是根据新建品牌与其他现有品牌的差异、产品本身的性质来设计方案，让品牌渗入消费者的心智中。

在微信上推广品牌要对微信公众平台上的企业服务号、订阅号、小程序以及朋友圈有充分的认识，知道它们各自的区别和特点，在此基础上了解消费者群体的习惯趋势，结合品牌自身的特点来做有针对性的服务。

用微信做品牌推广的第二要点是注重消费者的体验和互动，拉近品牌和消费者之间的关系。当品牌吸引到消费者关注时，企业要有意识地引导他们交流、分享产品试用的体验。驱动个体消费者之间进行信息传递，将品牌扩散出去，完成消费者从被动接受到主动寻找品牌的转化。

用微信做品牌的第三要点是在推广的基础上增加品牌亲和力，提高企业品牌与消费者群体的情感连接。情感是品牌在产品中的附加价值，一个能够在情感上引起用户共鸣的品牌对用户有更大的吸引力。

作为轻断食果蔬汁的代表，HeyJuice通过高售价、高销量实现了巨额利润，其中它惊人的企业营销能力和品牌推广能力起到了强烈的推动作用。HeyJuice上市后在各大营销平台上作为"有效减肥""有效美容"的代餐工具去做推广，除了在线下开展各种"轻断食"活动、有强大的代言阵容外，还利用了官网、微博和微信等平台进行宣传。在微信销售中，从一开始对员工身边的朋友进行宣传销售，到后面建立微信群、开启公众号推送软文来进一步加强品牌曝光度、加强与消费者之间的互动，HeyJuice通过社交传播，在第一轮就收获了10万名种子用户，之后的销量一路向上。

HeyJuice在微信上对自媒体广告投放的成功，证明了其懂得运用适合自己企业的推广方式，既在时间窗口上去做饱和式攻击，又借助微信的红利期来辅助品牌扩展，形成了好的口碑，建立了用户信任，最终实现了推广的目的。

在微信公众平台上，企业服务号是专门针对企业用户开设，让企业服务于个人的账号。服务号比普通订阅号的功能更全、更强大，在品牌推广上力度更大，也更有针对性。企业服务号的开设首先就有了品牌定向，服务号的每一篇文案，用户都知道是在为这个品牌做推广。通过服务号，企业可以让用户对企业、品牌有一个更直观、更全面的了解。

企业服务号虽然不能像个人订阅号那样每天发文章，但是，在固定的时间内按照一定的节奏和规律发文章，把企业、品牌的特点、内容呈现给用户，有着更强的说服力和可信度。小米可以说是擅长做企业服务号的标杆企业，小米的服务号最擅长做的就是"预热"和"限量"，按照一定的节拍推广自己的品牌，拉动粉丝的参与感。而电商类企业的服务号，则会利用好每一个时间点，发文章公布各种福利、打折、优惠活动，让用户感觉又到了"买买买"的时候。需要注意的一点是，服务号在做品牌推广的时候，最重要的是知道用户需要的是什么，针对用户的需求痛点，有针对性地发文章推广。

通过微信公众平台做品牌推广，还有一个渠道就是微信小程序。小程序的方便之处在于不需要下载，通过在微信内搜索、打开，就可以直接浏览和应用，不用的时候关闭就可以，不会给用户带来困扰。小程序支持搜索、扫码、公众号关联、浮窗、消息发送等功能，使用起来非常方便，真正实现了"触手可及，用完就走"。所以，自微信小程序功能上线后，越来越多的企业都会开发自己的小程序，借助微信平台的流量，达成快速裂变，让更多的用户方便、直观地看到企业的更多信息。继而把用户引流到小程序里，成为小程序自身用户，产生更大的价值。

用小程序做品牌推广，最主要的方式就是裂变。裂变的方式包括分销、砍价、朋友圈裂变、活动裂变、社群裂变等多种方式。比如，一些电商小程序，新用户如果通过扫码或朋友圈的分享，进入小程序并成功购物，电商会给分享者提成，这样增加了人们的分享欲望，继而裂变出更多的用户。再比如，通过策划抽奖、兑奖等系列活动，促进用户分享，完成用户再次裂变。

微信传播是增加消费者黏性，增加粉丝的重要手段，当在微信上的品牌推广成功了，品牌自然也在消费者心里有了一席之地。

2. 在短视频上做品牌推广

目前短视频成为人们消遣、了解外界和购物消费的主要方式，很多企业也看到了短视频的红利并展开了短视频营销，借用短视频来为品牌做推广也逐渐成为主流。现在具有代表性的几个短视频平台是快手、抖音、西瓜视频等，它们能够让企业将宣传产品的视频更加形象、有针对性地呈现在消费者面前，增加产品的可信度和说服力，达到品牌推广的效果。

如果企业要做品牌推广，抖音是必须考虑的平台。

有很多企业利用抖音短视频平台成功地将品牌推广出去，最后将流量转化为利润。如 WIS 面膜，通过创意性的广告视频来增加品牌的曝光度和影响力，视频播放量达到 5 亿；答案奶茶，通过这款奶茶的特色来拍摄创意视频，视频播放量达到 20 亿，成为网红爆款奶茶；唯品会通过在抖音上发起挑战赛来吸引消费者，成功为唯品会大促造势引流；可口可乐也通过短视频来提高自己的品牌曝光量，视频播放量达到 9 亿；还有阿迪达斯 Neo 和小米品牌，都入驻了抖音短视频平台……

企业在做抖音运营时，首先要明确的是做品牌推广、扩大品牌影响力是运营的主要目的，其次要明确企业通过抖音来做营销推广是一件长期的事情，因此要重视视频内容的稳定性、优质性、可持续性和高转化性，最后企业应该更倾向于制作知识类和技能类的视频，与自身品牌联系起来，有自身独特的价值，能够击中大众心理。

其中的抖音内容规划核心是关联性，虽然抖音要以迎合消费者口味为主，但还应该与品牌有一定的关联度。如在技能类视频中告诉消费者一些生活小技巧时，企业要自然地将品牌信息融入进去，甚至使它处于一个相对重要的位置，让消费者无法忽视企业的产品能够为他们带来的那部分价值。

在抖音上推广品牌的要点包括抖音账号的精准定位，视频内容的创意性和稀缺性，主题标签一定要突出且有目标性，整体结构做到统一下的多元化，背景音乐是符合标题的流行音乐，管理评论区要能够吸引消费者进行互动，广告视频多从 KOL 植入等。这样可以从多维度给予消费者刺激，增加粉丝黏性，尽快完成流量的积累。

3.6 做大众传播，而非小众传播

媒介技术的发展，让大众有了亲近文化、接触媒介的机会，也使大众传播机会到来。伴随着媒介技术发展的日新月异，通过更多的媒介方式在大众中进行传播成为可能，媒介传播也在大众传播的时代彰显出了其独特的魅力。而 PC 互联网时代更有针对性、更有优势的小众传播，因为受众范围的狭窄，对于很多企业和商家则并不十分适用。

3.6.1 大众传播与小众传播

大众传播指的是社会媒介组织通过大众传媒，向社会大众公开传递自己的内容。大众传播最主要的特征就是传播媒介是大众普遍可以接触到的大众媒介，传播内容的对象也是大众。也就是说，大众传播的目的，就是要让大众接收到自己传播的信息。

无论是大众传播还是小众传播，都需要在传播者和受众之间利用一种或几种传播工具。随着广播、电视等媒介的出现，大众传播成为一种普遍的社会现象。大众传播所用的传播媒介有文字、电波、电影和网络。到了互联网时代，在大众传播的工具中，网络占到了很大的比重。而移动互联网的出现，让绝大多数的人群都有了接触媒介的机会，也让所有品牌都有了进行大众传播的机会。

小众传播则是针对小众群体的个性化需求进行的一种传播。无论在传播媒介还是在传播内容上，小众传播都相对小众化，尤其是传播的内容更有针对性，即只针对某一个特定群体进行传播。与大众传播相比较，小众传播因为更有针对性，所以，传播更精准，速度和效果也更快。而且，新媒体的出现让每个人都可以成为自媒体，这样传播的成本更低且效果更好。

随着支付环节的打通，传播的内容直接变成了产品。当内容变成产品的时候，就变得可以定价、流通和变现。在这种情况下，每个人都可以根据自己的特定受众群体，有针对性地生产内容，再把内容变成产品完成变现，既降低了成本又达成了高效。

3.6.2 为什么做大众传播而不是小众传播

在过去的几年中，企业和商家更看重小众市场，认为一个品牌不可能满足所有人的需求，只有做到精准定位，才能让企业活得更好。但是，时代趋势已经发生了变化，头部市场已经趋于饱和，整体市场正在下沉。与此同时，即将成为这个时代消费担当的 Z 世代正在崛起，相比较"95 前"的消费者，Z 世代消费群体的消费观也不同。这些变化都在告诉我们的企业和商家，转换思维的时候到了。

1. 利基市场的红利已经不再，整体市场正在下沉

一方面，在头部利基市场上，行业巨头已经打得不可开交，作为中小企业、创业公司，如果没有太多的资本支持，在这个竞争惨烈的市场上，不要说分得一杯羹，能够活下来都很难。所以，如果挤不进头部阵营，就赶紧转移阵地。

另一方面，随着移动互联网的出现，越来越多的大众消费者可以接触到更多的信息，各种需求也开始增多。所以，当前整体市场正在下沉，这便给抢占这片蓝海的企业一个飞速发展的机会。

在这样的情况下，作为没有强大资本支持的中小企业，应该把发展的目光放到更大的长尾市场上，在三、四、五、六、七、八线的下沉市场上，面对更大的人群，做更多人的生意，才是明智之选。

（1）广阔的下沉市场

根据 QuestMobile 报告显示，2019 年中国下沉市场的用户规模超过 6 亿人。与此同时，下沉市场的泛娱乐和消费潜力进一步释放，移动互联网的人均使用时长和用户数量都呈现出上升状态。在早晨 6 点到晚上 12 点的时间范围内，下沉用户的活跃度非常高。

虽然下沉市场的人均收入相对较低，而且线上消费能力也偏弱，但是，庞大的基数本身也是一股不容小觑的力量。目前已经有若干企业进入到下沉市场，并取得成功。比如，拼多多、趣头条、快手等，这些成功的企业给更多企业引领了方向，三线及三线以下城市和地区已经成为新的掘金地。

（2）互联网市场下沉

4G 的出现，让移动互联网在下沉市场迅速普及。教育程度从高到低、收入从高到低、年龄向两端延展、性别从男性发展到女性……几乎达到了一个全民上网的状态。

有数据统计，1995~2000 年，国内网民只有几百万人，大多集中在精英阶层；2000~2010 年，网民数量增长到 2 亿人；到 2019 年，全中国的网民超过 10 亿人。

智能手机的普及、上网门槛的降低，让互联网从一、二线城市，下沉到三、四线甚至五、六线城市，乡镇、农村的网络无处不在，众多低收入人群也都加入到互联网大军中来。

在年龄上，互联网也向低龄化和老龄化发展，从年轻人下沉到中老年人和小朋友。小朋友没有消费能力，但是，老年人市场是一个爆发的市场，小城市中大部分老年人有钱、有闲，这个人群也是一个有强大消费能力的人群。

在下沉市场，互联网的主要使用人群已经从男性网民普及到女性网民，而女性线上消费能力通常都很强。

2. 传播环节的精准很难做到

在所有传播媒介都已经普及到大众的情况下，小众品牌要想实现完全的精准传播，并不容易。

首先，从传播的方式上，大多数的传播媒介都是针对大众群体的，要做到精准传播，在媒介选择上就很难。因为很难选择某一种或几种媒介，来专门针对特定的消费人群，即使能够做到，成本也不会低。

其次，针对特定的目标受众精准传播，这样的传播方式，等于把产品信息对其他人封闭起来。这样一来，你的产品受众就成为存量，如果其他商家也来争夺这片市场，竞争会非常惨烈。

同时，精准传播违反商业开放的基本规律。根据市场规律，产品和市场本应该是开放性的，开放的社会和市场才能催生更加发达的商业，促进消费市场的最大化。

另外，如今的消费，更多的是精神层面而不仅仅是满足功能需求。很多人消费的目的，是为了分享，以此显示自己的优越感。如果进行精准传播，只给特定的群体看到，那么就会让很多人失去消费乐趣。

品牌传播的过程，就是一个得人心吸引流量的过程，被更多人认识，才能被更多人消费。比如，"王老吉"本来是一款小众的广州凉茶，因为大众传播，被更多的人知道，才成为一款家喻户晓的饮料。

真正有价值的品牌都不是孤立的，小品牌要想长久发展，必然要进行大众传播。只有创造社会认同，让更多的人知道，品牌才有其存在的价值。

3.6.3 抓住大众的力量,进行大众传播

要想进行大众传播,就要选择大众接受、喜欢的方式,即抓住大众的需求,利用好大众的力量。当前商家面对的大众,是即将成为消费担当的 Z 时代的消费者和下沉市场的消费群体。那么,满足这两个主体消费人群的需求,被他们接受并喜欢的传播方式,就是进行大众传播最好的方式。

1. 利用社交红利,增强社交营销功能

与"95 前"消费群体相比,Z 时代的消费者,更注重在社交方面的消费。那么,满足消费者这一消费需求,社交型营销是商家应用比较多的内容传播方式。

社交电商就是基于人际关系网络、利用网络平台进行商品销售或服务的平台。淘宝、京东等一些大的电商平台具有社交功能,目前社交电商平台也呈现出市场下沉趋势,拼多多的崛起就是一个非常成功的案例。

在众多社交电商平台中,一些大的平台不仅能够释放社交势能,让每一个对立个体都能成为小型传播的关键点,而且借助大品牌背书,严控 SKU 形成口碑,可以快速打破用户的心理围墙,轻松实现商品交易。

2. 短视频带货

网络提速降费和智能手机的普及,让网络视频在下沉市场中异常迅猛地发展起来,越来越多的人正在接受视频传播的方式。据中国互联网络信息中心(CNNIC)公开数据显示,截至 2018 年 12 月,我国网民规模已达到 8.29 亿人,其中短视频用户规模已经达到 6.48 亿人,占比达 78.17%。

在 2019 年 1 月今日头条联合金鼠标数字营销大赛共同发布的《2018 效果营销案例手册》中,精细化呈现了不同公司及广告主通过联动今日头条、抖音、火山小视频、西瓜视频及穿山甲等多平台矩阵,为品牌实现了有效的数据增长。

如对CB12漱口水进行的话题挑战传播，在众多短视频平台投放广告期间，共获得7 200万次曝光，将近300万次点击，点击率超过了4%，让CB12漱口水迅速成为众多电商店铺内的爆款产品；58同城通过短视频矩阵的大力推广，将日均收入提升了92.1倍；每日优鲜利用抖音的热搜工具，将整体订单转化成本降低了50%，将转化率提升了2.5倍……诸如此类的案例，在业界有很多。

如果说淘宝的发展带动了电商卖家、物流、线上营销等一系列产业链发展，视频营销的兴起也带动了一系列网红、MCN机构和技术支持平台，那么，直播短视频电商有什么不同呢？

（1）创作者多样化

现在短视频平台的创作者，除了素人和由MCN运作的红人，还能看到当红的明星，各大互联网公司官方账号；媒体官方账号，如人民网。甚至还有政务警方官方账号。在短视频平台上形成了庞大的多元内容集群，用户时间和注意力是具有排他性的，马太效应很强。

（2）丰富的表现方式

全屏、音乐、特效滤镜，加上个性化的分发算法，直播短视频平台给了创作者很好的技术辅助，普通人就能剪辑创作出一些堪比广告大片的趣味内容，更适合移动端冲动性消费场景。

（3）强大的线下引流能力

直播短视频都能添加坐标，爆款短视频和网红们已经带火了不少餐厅和娱乐景点。

从2018~2019年上半年的发展来看，商家在应用短视频传播的模式上，主要采用的是广告、主播打赏和带货。广告和短视频带货都是商家通过短视频做品牌和商品传播的非常好的方式，与对传统广告的排斥相比，短视频中创意有趣的广告，能够被大多数网民接受。通过这些广告，在美妆、鞋服类商品领域内，都能产生不错的消费力。而带货与直接广告相比，在商品的展示上更加情景化，同时也给了观众参与的机会，这一方式也是被商家应用更多的方式。

2019年，短视频的用户量依然保持快速增长的趋势，仅仅6月一个月，就新增了1亿的安装用户。新增用户主要来自于三、四线城市和35岁以上人群，这说明短视频的用户范围正在逐渐扩大。

随着5G时代的到来，通过短视频的方式传播品牌和内容，将成为商家进行品牌宣传的重要渠道。

3. PGC（专业内容生产）与电商平台合力

通过综艺节目这种大众喜闻乐见的模式进行内容传播，是大众传播的另一种方式。目前，这种方式已经经历了几个阶段，从《快乐淘宝》到《真相吧！花花万物》，包括普通主播的直播带货，都是把内容植入不同的综艺模式中，然后通过商业化的运作，达到卖货的目的。而随着市场的变化和消费者的升级，内容植入的方式也在不断变化，更被大众接受和认可的模式也在持续产生。

2018年"双十一"购物狂欢节，一个通过PGC（专业内容生产）与电商平台合力制作的综艺节目《超级带货官》诞生，这个产生于"双十一"的综艺节目，在"双十一"过后，继续被大众认可并喜欢。

《超级带货官》由淘宝直播与阿里妈妈携手打造，是国内首档带货红人养成类直播综艺节目。32位淘宝红人携手7大国际品牌，通过1v1直播较量的方式，比拼带货功力，粉丝则以加购的方式，支持自己心目中的超级带货官，如钱正昊和冯薪朵等带货红人。

PK 的方式增加了节目的娱乐性，也增加了观众的参与感。以"加购"支持的投票形式，用最短路径将商家、用户和平台连接在一起，观众群就是消费群，大大缩短了消费者到商家的衔接的路径。

而直播带货的简单直接，则把每一分钟时间的功效都发挥到了极致。这种网红养成与带货融合的方式，更主动、更直接，又不像广告那样简单粗暴，可以说巧妙地做到了商业性与娱乐性的完美结合。

由电商平台生产的内容，让商家与用户之间的匹配度更精准，与以往综艺节目中由其他商家找到消费者所需的链路相比大幅缩短，便于形成内容—渠道—变现的完整闭环。

用最短路径触达消费者，是每个商家都希望做到的。《超级带货官》给商家和内容创作者提供了一个新的模式和思路，其他商家可以参与到这种新的模式中，内容创作平台和团队也可以借鉴这一新的模式，打造更高效的大众传播方式。

除了以上介绍的这几种大众传播方式，市场上还有很多其他的方式，未来也将会有更多更好的大众传播方式出现。无论是抖音还是拼多多，都是迎合了下沉市场用户的需求，从而让用户获得满足感。而社交电商和《超级带货官》则满足了 Z 时代消费者的社交需求以及更多大众消费者的喜好，进而获取了流量。作为企业，可以选择合适的平台传播自己的产品内容，也可以自己创建平台，为商家提供服务，帮助更多商家获取更多的流量。

3.7　引发自传播

内容传播的深度和广度，决定了内容相关产品对用户的影响程度，想要获得更多的用户，想要促进用户的消费，内容的传播质量一定要有所保障。

在内容传播的形式中，可以根据主体的不同划分为两种，一种是企业自己进行的自传播；另一种是用户自发的传播。而我们要做的，就是加强企业的自传播，以及引发用户的传播。

3.7.1 自传播：自媒体是新营销利器

艺术家安迪·沃霍尔（Andy Warhol）曾经说过这样一句话，"在未来，每个人都能成名 15 分钟。"而这句话，在互联网时代逐渐成为现实。

在网络的作用下，每个懂得使用网络发布消息的人，都有可能成为信息传播的源头。当你出于某种目的，将某种信息发布在其他人都可以看到的平台上的时候，一次自传播的行为就完成了。

在这个人们越来越热衷于使用智能手机或者电脑获取各种自己需要的信息的时代，其他媒介，包括纸媒、电视等传统渠道，在使用率方面已经降到了一个极低的水平。也正是因为如此，自传播的重要性才开始被一些企业关注到。于是，大量的自媒体平台应运而生，其中不乏一些在业内具有强大能量的个体。

在这个过程中，各种具有大量流量的平台被广泛应用，而微信、微博和短视频平台的应用最具代表性。

微信平台上的自媒体通常以公众号的形式出现，通过发布热点事件点评或专业方面文章的形式，吸引读者阅读。同时也会在文章中，或多或少地提到与自己企业相关的服务和产品，促使读者转化为消费者。

作为一家从事网络餐饮培训的企业，勺子课堂的公众号积累了大量餐饮从业者用户。平时公众号会发布一些业内发生的新鲜事件，以及餐饮经营的技能、技巧方面的文章，用户出于了解行业、学习技能的需要，会主动关注公众号并阅读公众号发布的文章。在这个过程中，用户如果发现企业提供的内容对自己的经营或发展有着明确的指导意义，那么自然就能够成为购买培训服务的学员。

微博平台上的自媒体在运营方面与微信类似，但形式上更加新颖，除了时事文章以外，还可以用发布视频的方式增强与读者的互动性。

而短视频平台的自媒体模式与前面两种有着截然不同的特性，首先是形式上，短视频平台上只能以视频为载体发布信息，而且时间通常限制在15秒以内；其次是内容上，用户在短视频平台上，想要得到的大多是短、平、快但有趣的内容，所以企业短视频自媒体通常发布的内容都是比较清新、明快的，在内容深度上不必过分深究，与其他平台上文章的专业性有着明显的差异。

虽然在不同平台上，企业自媒体的特点也不尽相同，但自媒体存在的目的都是一致的，那就是扩大企业的影响力，赢得更多的用户资源，从而促进企业销售业务的增长。但是企业宣传的渠道有很多，为什么自媒体渠道这么重要呢？

第一，前面我们已经提到了，"90后"尤其是Z世代已经成为主力军，这些年轻人在消费的过程中，除了注重商品的质量和价格以外，还会考虑品牌的调性是否符合自己的需求。这也是现在很多面向年轻人群的企业越来越重视品牌人格化的主要原因。而相比其他渠道，自媒体的宣传具有持续性的影响，与用户之间的互动性也较强，更容易在用户心中留下深刻的印象，从而加速人格化的进程。这种作用，是其他宣传渠道所不具备的。

第二，现在大多数年轻人，都是以网购为主要的消费方式，而且只有在自己发现需求之后，才会去网络购物平台上进行检索和购买。但对于企业来说，坐等消费者挑选显然不是正途，因为在各种外界因素影响下，消费者可能不会发现自己的需求；即使他们发现了自己的需求，谁又能保证在网络购物平台上，消费者就会选中你而不是别人呢？所以，企业需要想方设法地激发消费者的需求，同时还要让他们准确地选中自己企业的产品。

简单来说，就是企业要让消费者发现产品的好处，从而萌生购买的欲望；同时还要以自己的品牌形成先入为主的印象，使他们认为企业的产品是值得选择的品牌。想要实现这样的效果，频繁的日常刺激是必需的，而企业自媒体常依托于人们平时经常使用的平台，可以有效地提供这种日常的影响。

其实在现实中，企业自媒体平台已经出现并蓬勃发展了很长一段时间。虽然在这期间出现了很多成功的实例，但在实际的运营中，也并不是所有的企业自媒体都能成功获得用户的关注，大多数中小企业的自媒体运营都是以失败告终的。

尽管如此，很多企业依然对自媒体这种宣传渠道趋之若鹜，忽略了自身的特点和需求，一味地照搬别人的成功经验。即使在运营上遭遇了各种问题和阻碍，也坚定地认为别人能够成功，自己也可以，但事实却往往不尽如人意。之所以会出现这样的认知，是因为"幸存者偏差"引起的误解，历史都是胜利者谱写的，自媒体运营不是没有失败者，而是大多数失败的人都悄无声息地退出了，所以导致大众只能看见那些光鲜亮丽的成功者。有很多类型的企业并不适合使用自媒体渠道进行宣传，比如，生产销售专业设备的企业，这种类型的产品一般在购买时，消费者会选择实地观察和体验，而不是通过网络了解。

自媒体运营从来都不是一件简单的事情，企业需要衡量自身的实际情况，然后根据自身的经营特点，选择是否进行自媒体宣传，以及如何进行自媒体运营。

3.7.2 自传播的关键因素

自传播其实有两重含义，除了企业自己作为传播的主体，发布并扩散信息以外，还有一种含义是自发传播，也就是企业通过发布信息，引导用户进行自发的转发与扩散，形成传播的效应。

从传播的效果和成本两方面考虑，用户的自发传播对于其他用户来说，可信度更高；同时面对用户自发的扩散，企业也不需要付出额外的宣传费用。所以总体来看，引导用户自发传播比企业自己进行传播更加高效。也就是说，自传播的关键是引导用户进行转发和扩散。

引导他人自发传播，听起来是一个简单的事情，但实际操作起来并不容易。首先，自媒体平台的用户基数大，用户类型多种多样，众口难调；其次，人与人之间的信任，单纯凭借文字和图片的描述，很难有效达成；最后，现代人的两大特点是"无利不起早"和"懒惰"，会让大多数人在获取自己需要的信息之外，放弃转发的操作。那么，企业应该怎样让用户自发传播呢？

1. 内容的打造

自媒体平台与用户之间的唯一沟通渠道，就是平台发布的内容。一个可以让用户自发传播的内容，具备两个特点：第一，第一印象的吸引力；第二，内容充实，真实有效。

（1）吸引力

如果内容不能有效地吸引用户的眼球，那么用户连阅读或者观看的过程都不会产生，自然更不可能有人愿意帮忙转发。所以企业在自媒体平台上发布的内容，必须具备看第一眼的吸引力。

很多人对微信平台上大量公众号发布的危言耸听的"标题党"文章深恶痛绝，因为其中的内容往往与标题并没有切实的联系。但当人们看到这种标题时,好奇心依然会被激起,即使知道标题与内容不符的可能性极大,依旧还是会点击进去浏览具体的内容。这和人类自古存在的趋利避害的行为习惯有着千丝万缕的联系。带有恐惧或危险暗示意味的标题,会让人们内心产生相应的情绪,为了避免真的出现这种情况,人们会主动去了解,进而解除恐慌的状态。

但是这并不意味着我们鼓励自媒体平台去创作一些"标题党"式的文章,因为在现实中,即使这篇文章的具体内容真的对用户有很大的帮助,但由于标题不妥,他们依然不会去转发。虽然形式有误,但也确实证明了这种吸引力产生的机制的有效性,所以企业可以在拟定内容标题时,加入一些引导人们情绪的因素。比如,强调一下内容对于用户成长的帮助,或者侧重描述不阅读这篇文章对用户的损失。但要严格与"标题党"区分开来,少用甚至不用恐惧色彩的词汇。

(2)有用性

人都有利己倾向,所以,当发现自媒体发布的信息对自己有用的时候,人们才有可能主动转发。因为人类的社交范围通常是一个圈子,在这个圈子中,除了血缘关系以外,同学和同事关系也是重要的组成部分。而这两种关系,一个代表着共同的经历,一个代表着共同的收入水平和消费水平,这也就意味着,在一个人的交际圈子里,人们的基本需求总会有共同之处。内容能够满足用户自身,对用户圈子里的其他人可能也是有用的。在这种情况下,用户为了满足自身的社交需求,获得别人的认同,往往会选择将有用的内容转发到自己的圈子。那什么样的内容可以被称为有用呢?下面举一个简单的例子。

很多企业的微信公众号上会经常发布一些相关行业的最新情报,而大多数关注公众号的用户也都是相关行业的从业人员,因此,这种内容对于用户来说，通常都是有用的。比如，饿了么微信公众号的主要用户是外卖行业的从业人员，所以它的平台经常会发布一些外卖行业的新变化，以及外卖经营中需要注意的事项和使用的技巧；阿里巴巴自媒体的主要用户是电商行业从业人员，所以它发布的内容大多是电商行业的变化，以及网络消费的热点话题。

所以，所谓有用的内容，其实就是与用户以及用户的圈子息息相关的事物，而用户关注企业的公众号已经说明了他对企业所从事的行业有需求或者有兴趣，所以企业只要从自身的专业领域出发，发布一些新鲜、有料的新闻或切实可行的方法，就能够作为有用的内容吸引用户转发。

当然，在强调内容有用性的同时，企业还需要注意内容的真实性，不能一味为了让内容充实，而杜撰一些莫须有的信息。这样既不符合自媒体运营的法律法规，也容易让用户反感。

2. 内容的真实性

自媒体平台作为企业对外发布信息的官方渠道，每一次发声都代表着企业的形象，如果企业总是发布一些虚假信息，那么用户自然会对企业失去信任。在这种前提下，用户的自传播不但不会成形，甚至还会导致用户的流失。所以企业在发布信息时，必须要重视内容的真实性。

这里所说的真实性，一共有两层含义，第一层是指内容中提到的事件是真实发生过的，第二层是指内容中提到的方法性指导都是行之有效的。在实际操作的过程中，在内容创作阶段，企业就要做好把关工作，在发布内容之前要进行严格的审核与考证。在涉及方法论的内容中，主要以经过实践验证的基本方法为主。只要保证了这两点，基本就可以确保内容的真实性。

3. 转发与利益挂钩

虽然用户出于获得社交酬赏的目的会选择转发，但更直接的促进转发的方法就是给予直接利益。

最常见的方式就是转发抽奖活动，很多企业在自媒体平台上发布内容之后，会附上转发抽奖的提示，用户在主动转发之后，可以参与平台内部的抽奖，获奖的人可以获得价值不一的物质奖励。

在利用物质奖励促进用户转发时，企业要衡量用户自传播对企业利润增长做出的贡献，不能在转发激励上付出太多的成本。同时，在奖励中也可以适当发放一些优惠券之类的促销奖品，这样不但可以让用户获得物质的激励，也可以直接促进消费，提升销售额。

3.8　用足私域流量

2018年年底，吴晓波提到了2019年互联网行业的趋势之一——私域流量。2019年7月5日，知名财经媒体人秦朔在首届雁栖湖论坛上发表的主旨演讲中，也提到私域流量将成为2019年互联网行业的年度关键词，这是继吴晓波之后，又一位公开表态看好私域流量市场前景的重量级媒体人。"私域流量"这个词2019年在互联网业内迅速火了起来，各大媒体文章和各种干货课程中都纷纷提到了这个词，一时间，这个词成为2019年最热的互联网概念。私域流量的兴起，让商家的获客渠道和运营方式发生了很大的改变，众多尾部商家正在从公域流量向私域流量进化。而且，因具备私密性和直接性这两大特征，使得私域流量的客户价值高过了公域流量，私域流量将成为直营电商的下一个风口。

3.8.1　私域流量到底是什么

2018年"双十一"购物狂欢节，一个叫张大奕的女孩创造了互联网电商销售的神话——在短短28分钟时间里销售额破亿元。而在此之前，她也创下过月销售额破百万元的奇迹，在她的淘宝店铺上线的新品，曾在2秒内就被顾客抢光。那么，到底是什么样的魔力，能够让一个网红创下这样的奇迹呢？答案就是私域流量。

同样是在2018年的"双十一"购物狂欢节，在淘宝线上跑出来一匹"彩妆黑马"——完美日记。我们来看看完美日记的成绩单：2018年天猫99大促，完美日记超过了欧莱雅等大牌，取得了彩妆品牌销售额第一的好成绩；2018年"双十一"购物狂欢节，开场1小时28分钟，销售额破亿元，成为天猫首个销售额破亿元的彩妆品牌；2019年1月，完美日记月销售额在天猫排行第七，超过了纪梵希、资生堂等国际品牌，成为唯一进入TOP10的本土品牌，打破了国际品牌的垄断地位；2019年"6.18"，完美日记仅用1个小时的时间，荣登天猫彩妆销售榜首。帮助完美日记创造这一奇迹的，也是私域流量。

那么，到底什么是私域流量？简单来说，私域流量就是指能够被内容创作者主动掌握的流量。举个简单的例子，我们在自己的院子里修了一条路，那么我们就有决定权来规定谁可以走这条路并被院子里的鲜花和美景吸引，从而让他们愿意留在院子里。

私域流量对应的就是公域流量。所谓公域流量，通常是指公共平台带来的流量，比如，各大媒体、搜索、电商平台带来的流量等。公域流量因受限于平台的各种规则，所以公域流量中的创作者变现难以掌控。

而私域流量则通过自己的品牌、个人影响力等自己的平台带来流量。私域流量一般通过微信公众号、微信群、朋友圈、微博、App、小程序等方式呈现出来。

相较公域流量的不可控和高昂费用，私域流量是商家或个人自主拥有、可以自己控制、免费使用，而且可以多次使用的流量，私域流量有自己的数据积累和沉淀，可以直接触及用户，效果更直接、更方便。说得更直接一点，私域的本质就是那群你可以反复"骚扰"，反复"利用"的人。

3.8.2 私域流量是市场发展的必然

私域流量之所以这么快能火起来，与互联网人口红利的消失有关。互联网发展早期处于人口红利期，当时，电商平台公域流量的开发成本很低，不但流量增长快，而且流量精准。商家在公共平台上，利用公域流量销售商品，为自己带来利益，也为平台带来收益。

如今，互联网人口红利期已过，公域流量让越来越多的商家感觉到受约束。互联网人口红利的消失、中心化平台的流量挟持、高昂的流量费用，这些都让众多中小商家不得不开始另寻渠道，而众多自媒体的崛起，也正好提供了一个契机。就这样，越来越多的商家开始凭借可以直接触达且获客成本低的自媒体来吸引属于自己的流量，并完成转化和留存，这种商业模式已经逐渐成为市场发展的必然。

1. 互联网人口红利消失，越来越少的流量被越来越多的人瓜分

互联网人口红利期已过，平台的增加让公域流量的增长变得更加困难，即使是一些大的电商平台，公域流量的增速也变得非常缓慢，难以为商家提供更多的流量。比如，在淘宝体系，80%的交易额来自于入驻天猫的20万头部商家。而900万尾部中小商家，只能瓜分剩下20%的交易额，这就是商场上的"二八定理"，现实中的情况甚至比这个比例的差距更大。中心化平台的流量挟持，让众多处于尾部的中小商家的发展举步维艰。这样的市场环境，逼迫众多中小商家不得不各显其能，通过自己的力量更好地生存下去。

2. 公域流量的中心化流量挟持

我们以几大电商平台为例，平台的流量由平台和平台上的商家共用，但是，流量的控制权在平台方。用户在平台上搜索自己需要的商品时，对于同一件商品，平台上的商家和平台之间就会有利益冲突，这时候，商家就有可能受到平台的控制。每年的"6·18"和"双十一"前后，都会传出一些网红达人控诉被平台限流、屏蔽甚至封号的消息，这就是比较典型的当平台和商家利益冲突时，商家被控制的表现。在这种情况下，一些小的商家就会利益受损，甚至可能会全军覆灭。

还有一类是来自于平台的业务威胁。比如，滴滴曾经利用百度、阿里巴巴、腾讯三大巨头提供的流量，一统国内网约车市场的天下。但是，高德地图和哈罗出行的网约车战略，让滴滴开始面临巨大的市场风险，一旦平台方利用业务优势与滴滴竞争，就会变成滴滴强劲的竞争对手。

3. 流量的费用越来越高

移动互联网已经进入下半场，线上竞争越来越激烈，流量越来越贵，获客成本也越来越高，这让很多商家，尤其是规模小的商家的压力越来越大。过高的成本让很多中小企业不得不选择退出这个渠道，转向其他流量来源。

有数据显示，拼多多2016年的获客成本是10元/人，2017年是17元/人，到了2018年急剧攀升到102元/人；淘宝2013年的获客成本是30元/人，到2017年暴涨到250元/人；京东、唯品会等平台的获客成本也都在200~300元/人。另外，在教育行业，获客成本更是高达上千元。

4. 私域流量能更直接地触达客户

相比较公域流量而言，私域流量因为能够更直接地触达客户，可以更精准地了解客户需求。同时，因为有情感的成分在里面，也更容易增加客户黏性。

我们以前面提到的张大奕为例，淘宝店模特出身的张大奕，2014年跟合作伙伴冯敏开了一家名叫"吾欢喜的衣橱"的淘宝店。凭借姣好的形象和时尚的穿搭，张大奕逐渐在微博上受到了越来越多的关注，她开始频繁地在微博上发照片、晒状态，同时还积极与网友进行有趣的互动。很快，张大奕就积累了一大批忠实粉丝，据统计，2014~2016年，张大奕的微博粉丝数从30万暴增到400万人。

因为可以直接跟众多粉丝互动，有个人的情感联系在，张大奕的粉丝黏性都比较强。微博之外，张大奕还运营了自己的微信公众号和小程序，在抖音和小红书上也开了自己的账号。就这样，在平台协作效应下，2019年上半年，张大奕的粉丝已经涨到了1 000万人。有了这1 000万名粉丝，张大奕能够创下28分钟销售破亿元的神话也就不难解释了。

中心化平台的流量挟持催生了私域流量的产生，私域流量的私密性和情感性又增加了客户黏性，让更多的客户可以被多次"利用"，从而降低了获客成本。无论从哪个方面来看，私域流量的使用，对众多尾部中小商家都是更好的选择。所以，通过私域流量做好营销，是一种市场发展的必然。

私域流量崛起的背后，是企业不断加深的焦虑情绪，也显示出众多企业正在转换思路，从流量收割向流量开发和运营转型。流量就是财富，谁能够拥有更多的流量，谁就拥有了更多的客户和更大的市场。

3.8.3 利用个人和品牌影响力，开发和搭建私域流量

利用自己个人和品牌的影响力，主动吸引和利用流量，打破公域流量对自己的牵制，是中小企业在网络营销中非常值得推广的方法。那么，怎样掌握私域流量思维，把自己个人或品牌的力量发挥出来，达到超级带货的目的呢？自建私域流量主要包括两个方面：私域流量的搭建和转化；流量的维护、留存和再利用。

1. 私域流量的搭建和转化

私域流量的搭建，最重要的是利用个人和品牌的影响力，开发和导入流量，具体的开发和导入方式通常有以下三种：

（1）通过加微信的方式引流

加微信好友是最简单也是最直接的引流方式，成为微信好友，商家与用户之间就有了可以直接交流的机会。接下来，通过朋友圈发信息和参加小活动赢礼品等方式，就会相对容易地把流量留住并达成转化，如果运营得好，甚至可以达成二次引流。

2017年8月才在天猫开店的完美日记，在两年的时间里，一跃成为国货彩妆界的一匹黑马。在引流方面，完美日记采用了主动出击的方式，通过线上、线下同时引流，主动吸引客户并维护好这些流量，从而最终完成"私域流量"的完美变现。

在完美日记的线下店，除了给顾客提供优质的服务以外，店里的每位服务员都会引导到店的顾客加微信好友。线上加微信的方法是，每一位在完美日记消费的顾客，在收到产品的同时都会收到一个微信二维码，然后通过加微信赢福利的方式，引导顾客加微信好友。在微博上完美日记也有专门打造的IP——小完子。小完子以真人形象经营自己的微博，在微博上发布内容与粉丝互动。

（2）通过拼团的方式自动吸引流量

拼多多上市4年，获得近5亿用户，最重要的获客方式就是拼团，三人就可以成团，让有需求的用户自己组团吸引流量，组团不成功就退费。这种方式对用户的吸引力非常大，因为有需求，用户愿意分享也自愿参与。而且，吸引流量的速度非常快。

(3)通过裂变方式引流

裂变是另一种通过用户自己分享引流的方式。老用户带来新用户，老用户就能得到一定的优惠，介绍的新用户也能同时得到优惠，这样，用户会非常愿意邀请自己的朋友、熟人参与进来。

邀请赠饮是瑞幸咖啡曾做过的一种较为常见的裂变活动，在这种活动中，老用户把页面免费分享给好友，新用户下载 App，通过手机登录，就能获得免费喝一杯咖啡的券。新用户把这张咖啡券用掉或自己花钱买一杯咖啡，就自动获得一张咖啡券。也就是说，只要用户产生一个体验行为，就能免费获得一张咖啡券。这样分享有礼的方式，能够快速给企业带来大量流量，适用于大多数企业。

2. 流量的维护和留存

流量导入进来，不是用完一次就不用了，那样会造成巨大的浪费，所以，更重要的是解决怎样留住流量的问题。

(1)建立私域流量池，把导入的流量养成用户

被利用过的私域流量，已经是企业的用户。那么，企业要建立自己的用户池（也就是私域流量池），把这些用户养起来，在用户池中做深层次运营，提升用户的 LTV（用户终身价值）。

这些用户信息可以作为存量，导入个人微信号，与个人建立更直接、更信任的关系，让每一个用户都成为可以直接触达的用户。这些养在用户池里的用户，一方面，可以产生复购，复购更多客单价更高的商品；另一方面，可以通过裂变的方式，引流更多的新用户。

(2)建立社群

未来所有的商业行为都将逐渐社群化。基于关系建立起来的社群，因为相

互之间有着更多的信任，所以，流量的导入更轻松，导入的流量也相对稳定。

永辉超市通过建立微信群，每天把30%的客流拉到群里，建立顾客群。在福州，永辉超市旗下的永辉云创建了大约500个这样的顾客群，这些顾客群的用户覆盖了当地13万人口。有了强大的用户基数后，再把有相同需求、相同兴趣的人分开形成不同的社群。商家的优惠政策会发到群里，通过社交红包裂变的方式，吸引更多的人参与进来。社群的一些忠实用户，会在社群里跟新用户主动分享。这样一来，这些老用户就变成商家的KOL，开始影响和吸引其他用户。根据永辉超市提供的数据，借助社群的社交裂变（社交红包＋砍价＋KOL带货），永辉到家业务达到了日订单6万多笔。

社群是由相互有关系的人组成的，所以，社群的引流相对容易。但是，要把社群运营好，则需要细心地洞察人性，并进行精细化地运营。一旦社群运营不好，有负面的声音出现，就会对社群里所有人造成影响。

（3）流量沉淀，用好公众号和小程序

公众号和小程序是大多数企业都已开发的，企业可以好好利用，对引流来的用户进行沉淀和留存。

罗辑思维利用微信的巨大流量和公众号红利期，积累了600万名粉丝。然后通过读书节目销售产品，成为电商，又通过开发得到App，成为知识付费的先锋，实现了自己的品牌价值。

（4）培养自己的KOC

尽管KOC这个概念在社交媒体引起热议之后便在短时间内退出了人们的视野，但对传统企业也有着较大的启发意义。

完美日记也拥有自己的小程序——完子说。完子说更像是用户的私人美妆管家，为用户量身定制，帮助用户解决美妆中遇到的问题。通过完子说小程序，完美日记把更多的顾客培养成KOC。通过KOC的裂变，吸引更多的流量，影响更多的人。

虽然私域流量在2019年火了起来，但它非并新生事物，而是一直都在，只是原来人们没有发现它的价值而已。比如，你的手机通讯录里的人，其实就是你可以免费"打扰"、多次"利用"的私域流量。

互联网时代的商家，要想摆脱公域流量带来的平台风险，就要尽快建立自己的私域流量。如果你的能力不足以开发自己的App，也可以借助微博、抖音、小红书等超级平台，利用自己的个人影响力，挖掘自己的私域流量。

3.9 巧蹭热点

蹭热点其实就是热点营销，即企业抓住被社会公众广为关注的热点人物、热点事件等，结合自己企业的产品和品牌，从另一个高度和层面上展开传播、营销等活动，以拉动企业产品和品牌的影响力，继而产生经济和社会效益。

热点有关注度也有传播度，对企业的营销会有很大帮助，但是蹭热点也要讲究技巧，要遵循一定的原则，如果没节操甚至没底线只是为蹭热点而蹭热点，很有可能会赔了夫人又折兵。

3.9.1 蹭热点的本质就是借势营销

从营销的角度来看，蹭热点就是利用优质的外部环境来构建良好的营销环境，达到产品和品牌推广的目的。因此，蹭热点的本质就是借势营销，即把热点的势能，转移到自己的品牌和产品身上，增加用户对品牌或产品的关注和喜爱，继而促进消费行为。

热点分为既定热点和突发热点。既定热点即有预知的、提前安排好的热点事件,比如国家法定的节假日、安排好的活动或赛事等。对于既定热点,因为提前预知,所以可以提前准备。

突发热点则是随时随地出现的突发事件,比如,突发的具有破坏力的自然现象、打动人心的社会新闻、娱乐圈里的八卦新闻等。这类热点的特点是具有突发性,而且时效性强,短时间抓不住就会失去营销效果。所以,热点一经出现,就要用最快的速度与自己的品牌和产品联系到一起。

互联网时代的热点有三个特点:爆发效果猛、传播速度快、有效时间短。这就要求企业在蹭热点的时候,一是要有速度;二是要下大力气,增强效果;三是注意时效性,热点过后,要迅速收力,不再多余浪费时间和精力。

3.9.2 追热点才能与大众形成共同体

企业宣传营销的最终目的,是得到消费者的关注和认可,所以,消费者的眼球在哪里,企业的宣传和营销就要指向哪里。对于大众消费者来讲,对要闻大事、政策法规等与自身生活息息相关的问题的关注度,永远比对商品的关注度高,这也是热点营销一直都是企业非常重要的营销手段的原因。

热点最大的特征就是"热",所以,热点本身自带流量和关注度。产品或品牌蹭热点,可以借助热点的"热",在短时间内增加品牌和产品的曝光量和关注度。比如,借助某些娱乐八卦吸引大众眼球的特点,把自己的产品带出来,让自己的产品同时被关注;再比如,借助电视剧的名字或者反映的主题,把自己的产品引出来,提升产品品牌的知名度,让更多人知道;或者借助要闻大事,表明自己的态度,让大众在关注热点的时候,看到和了解你的品牌。

如果热点蹭得好,还可以借助热点中的某一个点,把消费者的情感延伸到自己的品牌和产品中,增加对品牌和产品的喜爱。比如在热播的电视剧或电影中，经常因为观众对剧中某个角色的喜爱，而让剧中角色所穿服装的品牌或款式在短时间内成为爆款；或者把自己的品牌与某些奇闻要事联系起来，让大众在提到这些奇闻要事的时候，自然联想到你的品牌。

无论是哪种方式，蹭热点的最终目的，就是让消费者因为对热点人物的喜欢或对热点事件的关注，而对你的品牌和产品产生情感，并最终产生消费行为，甚至成为你的品牌的忠实用户。

2018年1月31日，自然界出现了"月全食血月+超级月亮+蓝月亮"三景合一的天文奇观。根据中科院紫金山天文台介绍，这次月全食为超级蓝月月全食，距离上一次发生超级蓝月月全食的1866年3月31日，整整过去了152年。利用这个全民关注的热点，很多品牌都借势做了品牌传播，其中有一张照片传播最广，就是一瓶蓝月亮洗衣液被"挂"在夜空中（见图3-6）。

图3-6 "蓝月亮"挂在天空

其实这张照片看起来并不精致,甚至可以说是有些生硬地把"蓝月亮洗衣液"与"蓝月亮"的天文奇观结合在了一起。但是,因为"蓝月亮"这一自然奇观引起了太大的关注,所以在众多专业的照片中,这一幅略带调侃甚至有些可笑的照片一露面,便把所有原本关注"蓝月亮"这一自然奇观的人的注意力都吸引到了这个品牌上。企业对此可谓用心良苦,自然也深得其益。

类似的经典营销案例还有很多。

2019年1月17日,一部名为《啥是佩奇》的微电影一夜之间刷爆了各大社交媒体。临近年关,三岁的孙子要回村过节,爷爷却开始为难。因为孙子想要一个佩奇,可爷爷却不知道啥是佩奇。一头雾水的爷爷开始在全村寻问啥是佩奇,可得到的答案却五花八门,让人啼笑皆非。最后,有村民给他引路,佩奇就是"粉色的小猪",于是爷爷用一个鼓风机做了一个佩奇(见图3-7)。

图3-7 爷爷给孙子做的佩奇

在这个案例中,创作者借助农历猪年和动画片《小猪佩奇》这两个热点,抓住了中国人春节"回家过年"这个痛点，从亲情的角度切入，使很多中国年轻人产生了想"回家看看"的心情，让很多人想念起自己的家人，引发了渴望亲情的共鸣。

而这个微电影的刷屏，也引爆了制作佩奇玩具用的鼓风机，无论是看佩奇电影的人，还是喜欢佩奇玩具的人，都喜欢上了佩奇同款的朋克鼓风机，从而使得淘宝上这款鼓风机销量直线上升。

3.9.3 借势造势，把热点变成自己的势能

要想借势，先要关注热点。在追到热点的基础上，还要对热点进行分析，研究一下热点中的哪个角度与自己的品牌或产品的调性相符，即找到自己的品牌和产品与热点之间的关联，然后找到合适的切入点，把自己的品牌和产品切入进去，让热点的势能变成自己的势能。具体来说，可以参考借鉴以下几个方法。

1. 热点监测

所谓热点监测，就是先要发现热点在哪里。然后对当下的热点进行收集和分析，为后面的内容传播提供可以借鉴的势能。热点的来源主要有以下几个渠道：

（1）新闻媒体

新闻是重大事件热点问题的最正规的来源渠道，比如公共媒体和门户网站通过App推送的重大新闻事件，都是大众普遍关注的热点。一般来说，新闻中提到的热点，受众面比较广泛，所有商家都可以借鉴。需要注意的是，如果不是涉及重大的事项，门户的跟进并不一定是最快的，垂直类媒体会更及时一些。

2019年8月5日，新浪网的一条新闻"国内首款5G手机售出"发布时间是09:09，而同一条新闻，在"界面新闻"的发布时间是同一天的00:04，时间相差9个小时。

（2）社交媒体

社交媒体也是热点话题主要的来源渠道之一。比如，微博的热门话题榜、微信"搜一搜"里的"微信热点"、搜狗热搜榜、头条指数、抖音热搜、知乎精选以及豆瓣精选等，这些平台都是热点话题的集中地。

很多自媒体大号也是热点话题的有效监测渠道，比如公众号新世相就有自己的"高频词汇库"。在这个词汇库里关于失恋、离婚、求职困难、中年危机等话题，都是人们日常焦虑困惑和迷茫的话题，也是大众每天都在谈论的话题。从这些高频话题中提炼素材写作，文章想不火都难。

（3）搜索引擎

百度搜索风云榜的"实时热点""百科热搜"以及各大浏览器的首页新闻推送等，也都是热点话题的聚集地。可以直接在搜索引擎里搜索"百度搜索风云榜"，再点击其官网链接即可进入风云榜，就能看到非常详尽、全面的搜索热点，比如实时热点、七日关注、今日上榜（见图3-8）以及各门类的搜索热点。

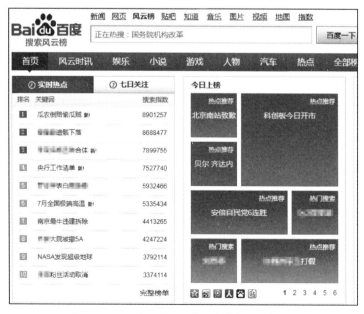

图3-8　2019年8月3日的百度搜索风云榜页面

（4）日历

如果你想利用节假日作为热点来追，那么一定要关注日历，农历和公历都要看。比如，11月是品牌借势最好的月份（见图3-9），"双十一"、感恩节都在这个月，立冬和小雪的节气从关注生活、注意保暖的角度借势，也是一个不错的借势的热点。

2019年11月						
周日	周一	周二	周三	周四	周五	周六
					1	2
3	4	5	6	7	8 立冬	9
10	11 双十一	12	13	14	15	16
17	18	19	20	21	22 小雪	23
24	25	26	27	28 感恩节	29	30

图3-9　2019年11月营销日历

总之，热点的"保鲜期"很短，如果你反应迟钝没能及时监测到热点，就会失去借势的机会。

2. 分析热点

监测到热点之后，接下来就需要对热点进行多维度的分析，其中包括这个热点的受众群体有多少人；哪个行业、哪个类型的人群对这个热点的关注度更高；热点的哪些因素更容易引起大众关注，让大众更乐于传播；这个热点带有哪些可讨论的话题，有没有可持续传播性，等等。同时必须注意的是，这个热点有没有涉及法律及道德伦理方面不能触碰的内容，如果有，必须及时规避。对这些问题都一一研究分析过之后，再从自身的品牌或产品的角度出发，去寻找两者能够有机结合的切入点。

3. 切入热点

分析热点之后，接下来就要正式切入了。切入的时候，要考虑以下三个方面的因素。

（1）速度

热点最主要的特征就是时效性，尤其是对于突发性热点，切入的速度一定要快。只有在短时间内迅速切入，才有可能赢得大众的关注。

2019年8月，国产动漫电影《哪吒之魔童降世》上映22天之后，票房便突破38.25亿元，打破了由《疯狂动物城》保持了三年的15.3亿元的票房纪录，成为中国动漫电影史上的新晋票房冠军。

《哪吒之魔童降世》的崛起，引发了不少观众对中国动漫的自豪感，对中国动漫的崛起也寄予了更多的期待。这部电影无疑成为当时的一大热点，众多商家和媒体也都纷纷抓住这个热点，开始为自己的品牌造势营销。哪吒表情包、哪吒壁纸、由哪吒的故事引出孩子的教育等各种蹭热点的营销方式纷纷登场，为自家平台吸引流量。

（2）角度

角度就是切入热点的方向，根据热点与品牌之间的关联，自然地把自己的产品或品牌切入进去，再造一个专属于自己的热点。切入的角度可以从产品或品牌与热点事件的关联度、传播度、话题度和风险度几个角度切入。

2019年5月23日，为迎合即将到来的儿童节，气味图书馆携手大白兔奶糖，以"来点孩子气"为主题，推出"快乐童年"系列香氛（见图3-10）。

这个方案借助儿童节的热点，抓住了"80后""90后"甚至"95后"年轻人，不愿承认自己变老、希望来点"孩子气"的心态，从他们想找回逝去的"孩子气"的角度，戳中了他们的心，把他们的童年情怀与大白兔奶糖结合起来,从而达到怀念营销的目的。

图3-10 "快乐童年"系列香氛海报

事实也证明了这个营销方案的效果非常不错。这个系列香氛,不仅610份香氛礼包在3秒被抢光,而且,其他型号的香氛也在10分钟的时间内在天猫售出14 000多件。同时,在线下互动装置"抓糖机"前,人们也排起长队。这个方案的传播量非常高,传播速度也很快,在微博、抖音等平台的呼声都很高,甚至吸引了很多明星和多家媒体平台的围观助力。

(3)切入时要注意产品的调性与热点相符

2019年国际妇女节前夕,耐克以女性为主题,推出"管什么分寸"的系列广告片和海报。这个系列广告,抓住了一部分人"对女性存在偏见"的现象,通过蔡宗菊、杨文蔚、郭妮娜、邵婷、王霜5位女运动员的真实经历,传达出社会应该给予女性更多的理解、尊重和支持这样一个理念，引起了广大女性消费者的共鸣。

这个系列广告的每一张海报，都是一个"用行动回敬偏见"的案例。与其他从女性视角出发的营销不同的是，耐克没有从讲究精致和完美的角度，而是从尊重和理解的角度出发，倡导了一种拼搏的精神，诠释了女性敢于拼搏、敢于坚持自己的态度。5位女运动员打破了社会上对女性弱势的偏见，反映出一种不顾及"分寸"就要做好自己的拼搏精神，与耐克一贯倡导的拼搏进取的精神调性一致，与耐克的品牌标语"Just do it"（只管去做）达成了完美融合，传递出一种正能量的价值观。

4. 蹭热点的常见误区

蹭热点是一个借势造势的营销手段，借助别人的力量打好自己的牌。但是，蹭热点一定要找好角度和切入点，避免蹭热点蹭不到，反而给自己带来损失的情况。比较常见的蹭热点误区有下面几个：

（1）为了蹭热点而蹭

这样的做法往往很生硬，甚至不伦不类，很可能不仅无法让大众关注和喜欢上你的产品或品牌，甚至还有可能成为业界的笑柄。

（2）没有辨明事情真伪

为了追求蹭热点的速度，不去调查热点事件的真实性和可信度，盲目跟风，由此可能会引发纠纷，甚至让自己惹官司。比如经常在某些媒体网站的页面看到报道某明星患病去世或者遇情感风波之类的不实消息，作为噱头吸引观众眼球。在这种情况下，不辨真伪的盲目跟风蹭热点，必然会给自己惹上麻烦。

（3）盲目迎合

在追热点的时候，最重要的是一定传播正能量，不要为了盲目迎合热点而忽视了自己的格调,这样往往会得不偿失。

蹭热点是一种借势造势的营销手段,借助别人的热度提升自己的热度,可以说是一个成本低但见效快的方式。但是,企业不只是要懂得蹭热点,更要懂得蹭热点的技巧,蹭得巧才能蹭得好,大家都在蹭,谁的技巧更高,谁的效果就更好。

3.10 重复,重复,再重复

企业开展营销活动的最终目的是赢得消费者的青睐,而抢占消费者心智就是赢得消费者青睐的核心。因此,抢占消费者心智就是每个企业在做营销策划的时候必须要重点考虑的事情。那么,抢占消费者心智的最佳方法是什么呢?经研究证明,有一个方法简单易操作,那就是将企业的产品或品牌信息通过各种途径不断地呈现在消费者面前,从刷屏到"洗脑",从而在消费者脑海中形成固有的品牌或产品形象。

3.10.1 要重复的到底是什么

在生活中,重复在很多时候是一种累赘。比如,在同一件事情上如果经历了多次的重复,就会让我们感到厌烦或疲倦,最后甚至有可能丧失信心。因此,无论是在生活中还是在工作中,我们做事的原则通常都是一次做好,一次到位,避免重复。但是,这一原则在企业的营销活动中却并不适用。因为在企业的营销中,最高的境界就是占领消费者心智,扩大市场份额。

所谓抢占心智,说白了就是让消费者把需求和你的品牌或产品直接联系起来。这里面就涉及各种营销方法,其中有一种方法简单易操作,但效果却非常好,那就是重复、重复、再重复。我们可以回忆脑白金的广告。

提起"脑白金"三个字,我们会记得那句"今年过节不收礼,收礼只收脑白金"的广告语,也会记得广告中穿着各种各样的服装在跳舞的一对老人。

尽管脑白金的这则广告一直被诟病，甚至被扣上了恶俗、无聊的帽子，但谁都无法否认定是一个营销传奇。因为从营销效果来看，这个产品已经深入人心，而且也的确创下了巨额的销售业绩。

脑白金抓住了年轻群体"看望老人"的这个消费心理，再配以洗脑式的重复宣传，在消费者脑海中不断植入"送礼就送脑白金"的理念，长此以往，消费者自然就将"送礼"和"脑白金"联系在一起，为两者画上了等号。因此，当他们想要去看望老人时，就会下意识地将脑白金作为礼品。

由此可见，企业在营销中不断重复的就是广告，因为广告主要的作用就是突出产品的主题并传播给消费者。广告是对消费者大脑的持续性投资，不断重复广告能够强势地占领消费者心智，是一种"水滴石穿"的积累。等达到一定的效果之后，即使不再投放，消费者依然会有一定的记忆。

3.10.2 重复是传播的本质

在企业的营销活动中，最基本、最核心的思维是重复性投放广告的思维，营销要成功就必须一直重复推广的动作。这一道理跟选址开店异曲同工。一般来说，在一条繁华的商业街上，很多人气品牌都会开最少两家店，有的还会开三家甚至更多。这其实就带有一种营销的目的，就是为了让人们在逛这条街的时候反复看到这个品牌，重复刺激消费者的视觉，从而加深消费者对品牌的记忆，以此来引导和促进销售。

由此可见，重复在品牌的传播中非常重要。它的意义在于，不断反复刺激消费者的听觉与视觉，让消费者对品牌的记忆从陌生过渡到熟悉，以便消费者有购买需求时首先想到这个品牌。但现实中，有一些企业却并没有意识到重复宣传的重要性，在他们看来，产品的品质才是营销成败的关键，利用口碑效应比重复宣传更有效。但实际上，在这个"酒香也怕巷子深"的移动互联网时代，这种观念已经落伍。

几年前，有一家日化公司经过两年多时间的研发，推出了一款防脱发洗发水。产品在刚上市经过了一轮宣传推广之后，这家公司并没有对其继续跟进宣传，既没有从全渠道去做广告投放，也没有让广告密集地出现在消费者面前。因为他们对这款洗发水的功效很有信心，相信很快便会在众多消费者中形成口碑效应，这样既节省了不必要的宣传费用，降低了成本，而且还会取得不错的营销效果。

但是，最后的结果却事与愿违。这款洗发水在上市初期取得了一定的关注度，很快便湮没在了如滚滚洪流般的洗发水大潮中。痛定思痛，这家公司开始重新研讨营销策略，很快新的策略正式启动。这一次，公司的营销部门转变了思路，开始在市场上大量重复性地投放广告，同时还在线上、线下分别开展了一系列的宣传推广活动，让品牌以刷屏的势头出现在消费者面前。经过这一轮操作，品牌的知名度迅速被打响，在市场上开始逐渐被消费者认可。而随着后期产品功效的显现，口碑效应也开始发酵，产品最终大获成功。

广告从浅层次的理解就是广而告之，向消费者传达告知某个产品，从更深层次的理解就是帮助企业占据消费者的心智，让消费者在有需要时能够无意识地向广告中的品牌倾斜，最终达到赢利的目的。所以"重复，重复，再重复"的广告投放形式有助于企业实现最终的目标。

当然，很多时候不断重复的"洗脑式"广告很容易引来消费者的谩骂，人们都热爱新鲜事物，讨厌重复性的事物。而企业开展一切营销活动的原则都是为了迎合消费者的喜好，重复式的广告似乎与该原则背离。其实不然，由于目前消费者面对的是爆炸似的海量信息，很多企业，特别是在发展初期的企业，最需要传达给消费者的就是关于"自己是谁"的信息，不断重复的广告就能快准狠地将该信息向消费者传达过去，在短时间内被消费者熟知。

而且重复性的广告能够帮助消费者很快对企业有一个精准定位，对其所处的行业、所销售的产品等有一定的认识，如果有需要用到该行业中的产品时，消费者自然会联想到该企业品牌。

总之，重复是品牌传播的本质，是品牌营销的智慧。营销不一定需要创新，重要的是要贴合产品性质，将同样的内容用同样的语言，在同样的地点，甚至是在同样的时间里呈现到消费者面前，加深消费者对品牌的印象，达到占领消费者心智的目的。

3.10.3　如何做好重复营销

重复是很好的营销策略，这已毋庸置疑。那么，具体来说，企业要从哪些方面来做好重复营销呢？一般来说，主要有三种方法，第一是广告语言的重复，第二是广告时间的重复，第三是广告投放空间的重复。

1. 广告语言重复

广告语言就是广告语，广告语一般是企业最想向消费者传递的品牌信息，包含了品牌的名称和基本特性等。当引起消费者关注后，广告里的品牌能够提供的价值才是消费者真正在意的，比如，脑白金的广告语，"今年过节不收礼，收礼只收脑白金"表明了脑白金是探望老人时最好的礼品，消费者也正是看中了这一点才有了接下来的购买行为。再比如在商业活动中，重复性投放的广告不仅要信息简洁、突出重点，还要有差异化，而且是消费者心智认知中的差异化。一般来说，主题明确、信息简单的广告能够帮助品牌更快进入消费者心智中，而有差异化的内容才能够让消费者对广告有耐心，加深广告在消费者心中的印象。

在广告中重复包含主要信息在内的直白广告语，能够快速让消费者记住品牌的特性，从而在有需要的时候引导消费者去主动了解更细致的信息。比如刘昊然代言知乎的广告，就是用"你知道吗？""你真的知道吗？""你确定你知道吗？""你真的确定你知道吗？"这样有趣的四连问来增加广告的深度，让消费者在"为之一抖"的时候加深了对知乎品牌的印象。

2. 广告时间重复

绝大多数企业追求的都不是短期盈利，因此品牌营销也一定要做好长期准备。相应地，企业投放给消费者的广告就要在时间上做到重复，时间是巩固消费者与品牌关系最好的方法。如脑白金的"送礼，收礼"重复了14年，耐克的"Just do it"重复了30年，阿里巴巴的"让天下没有难做的生意"重复了20年。

历经时间的重复不断播放广告，可以让消费者对广告中品牌的角色、基调更加了解。而对于企业来讲，广告在时间上重复的过程也是品牌角色塑造的过程。

但是，在时间上重复要注意一个问题，那就是在消费者的心智中有一个"懒惰"的特点，简单来说就是懒得动脑思考结构复杂、内容复杂的东西。所以，消费者如果在很长一段时间内面对的是复杂的重复性广告，那么就很可能会引发他们对广告的排斥，甚至会想方设法拒绝这则广告，并且向周边的人传达对这个品牌的厌恶。因此，如果已经做好了长期重复播放广告的准备，就一定要保证广告内容的简洁度和易于理解性。

3. 投放空间重复

空间重复包括线上和线下的结合，硬广和软文的结合，形式和内容的结合等。广告在空间上不断重复，能够在短时间内塑造消费者对品牌的强认知，而且能够针对一部分固定消费者群体从空间和内容双维度去重复品牌信息，最后达到占领消费者心智的目的，最终将他们转化为真正的用户。

比如在日常生活中，我们经常会在小区公告栏的海报上、楼层的外墙上、电梯的内外部墙上等位置看见关于某品牌的广告；而且，当我们打开手机，从浏览的网页、观看的综艺节目、微信的公众号、抖音等短视频平台中也能看到这个品牌的广告。这种在投放空间上的重复，目的就是不断加深消费者对这个品牌的印象，久而久之，品牌就会成功抢占消费者的心智。

广告是企业营销最基础的、最重要的方式，广告传播是企业的核心营销策略，而重复是传播的本质，所以，如果能够好好利用这一点，用重复的形式把广告投放出去，就能够将企业营销策略的核心传达给消费者，让消费者与营销策略的核心达成共识。

但要注意的是，重复不是复读机，不是单一地重复品牌广告语，也不是在形式上强调，而是从不同的维度去做好重复。首先，要在时间上不断塑造品牌角色，以加深消费者对品牌的理解；其次，要在空间去将内容和形式融合到一起，加深核心信息的传播，最终把核心信息送到消费者心智中。

当然，重复也是有策略的，形式和场景可以依据时代的不同进行更新转换，但其中的主题不能轻易改变，即核心信息要相一致。另外还有一点值得注意，那就是重复式的广告要讲究人性，既要与时代紧密相连又要使消费者能够在时代的浪潮中对品牌的情感越来越深，这样才能让广告真的达到营销的目的，让品牌融入大众的生活，成为不可或缺的一分子。

第4章　超级带货实战案例集

　　传统广告行业早已式微，而数字营销的"光环"也逐渐消失，广告主们把钱包攥得越来越紧，平台的带货能力正在逐渐演变成判断营销成功与否最重要的指标。通过什么样的模式带货，人、货、场之间以怎样的方式融合在一起才能更让消费者认可并喜欢，四大天王平台给出了不同的答案。抖音的内容推荐、小红书的"种草"和"拔草"、知乎的吸粉引流、拼多多和快手平台对下沉市场的普惠，将通过平台上的明星、网红和KOL等具备带货能力的人一一呈现出来。

4.1 拼多多找市场

拼多多从创建之初,就把自己定位在占人口绝大多数的三线以下城市,希望通过高性价比的商品,让更多普通人买得起升级的生活用品。拼多多凭借需求侧推动供给侧的改革,在普惠下沉市场中更大众的消费者时,也为生产者提供了更广阔的市场,而平台上的众多商家和平台本身,也在服务别人的同时收获了财富,体现了价值。从这个角度来看,"拼多多找市场"这个观点足以成立。

4.1.1 经典案例

在拼多多的平台上,销售的产品可以分为三个主要类别,第一类是生活必需品,第二类是耐用品,第三类是科技类产品。接下来,我们就来介绍一下在这三种类别中,一些经典的成功案例。

在生活必需品类别下,水果类产品的带货一直是其中的佼佼者。因为低价策略的存在,拼多多的水果类店铺商家往往会选择在一些特殊的产地进行采购。在一个偶然的机会下,传统水果商江少杰从一个水果供货商那里知道了拼多多平台,了解到这个才上线不久的 App 竟然有着非常巨大的出货量,于是决定转战这个电商平台。2017 年 6 月 28 日,江少杰在拼多多上开了第一家水果店。

在熟悉了平台的规则和操作流程后,江少杰把心思更多地用在了读懂消费者的需求上。通过对平台后台数据的解读和研究,江少杰发现,一、二线城市的消费者群体对高品质水果的需求量很大,高性价比是他们的追求。

为了寻找更稳定的高性价比货源,江少杰和他的伙伴们去水果原产地——云南边境的蒙自,直接从原产地进货,减少了中间环节,降低了成本。而且,原产地的水果既新鲜品质又好,极大地保证了货源的高性价比。

在后期的经营上，利用平台的流量优势，江少杰以客户为中心，把维护老客户和引流新客户结合起来，在不推广、不参加活动的情况下，始终保持着每个月80万元的成交额。就这样，江少杰成功实现了从一名农民工到商业成功人士的逆袭。

说完了生活必需品，我们再来看看耐用品。虽然拼多多一直是低价产品聚集的平台，但实际上对于一些价格较高的耐用商品的带货也有可圈可点之处。

以2019年"618"为例，"618"当天拼多多上线的一款售价6.58万元的奇瑞汽车，在8小时内，仅999元的意向金就收到了700多份，总额超过了70万元。这是继2019年5月20日在18秒内狂卖400台国民神车之后，拼多多平台的又一个"优质平价拼品牌整车"活动。与上次五菱宏光的购买者相似的是，这次活动中奇瑞车的购买者大部分也是来自四、五、六线城市。

2019年6月17日上线的拼多多手机补贴专场中，包括多款iPhone在内的热门手机全线降价，最高降幅比官方价格低了2 811元，与其他平台相比，也低了500~1 000元。在如此大的降幅推动下，多款iPhone产品持续出现百人同时拼单的盛况，6月17日单日就成交了5万多单，6月18日所有新款iPhone产品都突破了单日销售最高纪录。最后在整个"618"期间，iPhone产品共卖出30万台，其中50%以上的购买者来自三线以下城市。

科技类产品可以称得上是拼多多平台的一个后起之秀，虽然从整体销量方面还无法与生活必需品和耐用品这两种类别的产品相比，但随着AI技术民用化的逐渐展开，科技产品也成为新的消费热点。

家卫士是台湾松腾集团旗下的扫地机器人品牌，是一家OEM（代工生产）企业，也是拼多多"新品牌计划"中第一批扶持的企业。加入拼多多"新品牌计划"之前，家卫士长期为飞利浦、必胜等品牌做代加工，拥有多条生产线，拥有年产150万台扫地机器人的能力。

在原材料、工艺流程、产品类别、审核标准和生产线都相同的情况下，OBM（代工厂经营自有品牌）产品和ODM（被贴牌的产品）产品在价格上却存在着巨大的落差。比如，在拼多多热销的家卫士扫地机器人S320，在拼多多上的售价是286元，而同样的生产线，为其他品牌代工的产品，贴牌后的市场终端价是拼多多上价格的数倍。

4.1.2 案例分析

江少杰成功逆袭的背后，首先是有庞大的市场需求支持，对于一些城市的居民来讲，在超市买到的水果等农产品，可能既不新鲜，品质也不好，而且价格也不是很实惠。因为长途运输既会影响农产品的新鲜程度和品质，也会由于物流链太长而造成价格上涨。尤其是在最近一两年，持续上涨的新鲜农产品价格，让很多居民根本无法按需购买。而拼多多通过拼购的方法，让农产品得以上行，让城市居民以优惠的价格吃到新鲜的农产品，为城市居民提供实惠。

除此之外，找到优质廉价的货源，同时解决了新鲜农产品因为地理环境等因素造成的种植、管理、运输等方面的滞后问题，也是江少杰成功的重要原因。

中国的优质农产品通常产自农村地区，而这些地方大多地理环境比较复杂，农户们虽然能够产出大量优质的农产品，但由于交通物流和信息流通都相对滞后，保鲜和运输的问题无法解决。所以，这些产品只能在当地的集市，以及一些周边的城镇上销售，很难运输到城市里。

而在农产品上行项目中，供应链系统一直是拼多多的战略重点。拼多多从平台做生鲜农产品开始，就一直在优化供应链，缩短产品流通环节，从而提高产品保鲜能力、运输速度，同时，平台也将商家与农户联系在一起，达到了精准匹配生产和需求的目的，商家可以根据消费者的需求向农户建议产品种植的类型和产量，这样农户也能按需生产，避免了因产量过剩造成资源浪费。

在拼多多平台的支持下，像江少杰这样的商家成功找到了优质且廉价的货源地，成功地降低了成本，所以才能够提供给消费者高性价比的商品，才能成为生活必需品的消费热点。

在生活必需品类别下，企业使用拼多多进行带货的关键在于找到合适的货和人，货自然指的是优质廉价的原产地；而人则有两方面的含义，一是对于商家来说要找到合适的消费者群体，也就是对产品有相对较高需求的目标客群；二是对于平台来说，要吸引合适的商家入驻，年轻且有一定经验的经营者是最好的选择，要吸引他们来，平台就要制定相应的扶持政策。

而汽车、手机等耐用品，扫地机器人等科技产品虽然在同类型产品中价格有所下降，但相对生活必需品来说依然相对较高，从低价策略的角度考虑并不适合拼多多这个平台。不过，我们前面也提到过，三线及三线以下城市正在面临消费升级，但由于收入水平的限制，虽然消费者开始购买更多不同类型的商品，但价格仍然是他们考虑的重要因素之一。而与此同时，一、二线城市的居民又在因为物价的逐渐上涨而形成消费降级的趋势，原本旺盛的购买力，也开始随着价格的浮动而变化。在这两种形势的共同作用下，拼多多的商家提供的相对低价的产品自然会成为消费者的首选。

而拼多多上的耐用品以及科技产品能够以较低的价格进行带货，一方面是因为找到了优质的供货商，从而获得了优质且低价的货。

另一方面是因为平台自身通过社交引爆作用进行带货的特性，大家都知道拼多多最为人称道的就是社交拼团式的消费方式，用户通过将购买链接分享给自己的微信好友，然后通过组团购买的形式，提高产品购买的数量，从而降低商品的单价。从人、货、场的角度进行分析，拼多多的公域流量特性，将平台与社交媒体平台通过拼团购买的形式有效连接在一起，这样不只是拼多多的用户会在平台上进行消费，在优惠价格和社交需求的刺激下，用户的社交圈子里的其他人也会成为平台的用户。这就是商家在拼多多平台上，可以获得的"场"的优势。

归根结底，拼多多的成功是因为利用了两种具体的方法，一个是选择了大众传播而不是小众传播的途径，另一方面是有效地引发了用户的自传播。

与我面对面

看到这里,您有没有什么启发?不管您是做什么业务的,不管您是个人想学习还是企业员工想学习,都可以关注我的公众号"王冠雄频道",ID 是:wang-guanxiong;或者关注我的抖音号:xcm007,账号为"雄出没科技";如果是对汽车方面感兴趣的朋友,也可以关注我的快手账号"雄报汽车"。

下面,我有些问题想问问您,为什么在拼多多上是上述三类产品好卖,如果您要卖衣服或者知识课程,拼多多是否还是合适的带货平台?拼多多是否像很多企业管理者和营销人员想的那样适合卖滞销品或者不那么当季的产品?拼多多将线下商品搬到线上并进行社交裂变的做法,是否适合大众企业?个人企业应该如何借拼多多这类社交电商的光?

先写下您的思考,然后到公众号给我留言吧,听我的解答!

4.2 抖音找货

抖音找货是指在抖音平台上，带货成功的关键在于找到合适的带货产品。抖音的总经理张楠在一次公开发言中曾经提到，抖音是一个事关"美好感"的产品，这就是抖音之所以能够获得大量用户喜爱的根源。从现在来看，短视频消费已经进入了升级发展阶段。而在这次浪潮中，抖音上因为有具备"美好感"的内容，从而成功抓住了眼界更加开阔、对视频产品有更高要求的一、二线城市年轻人的关注点。

在抖音上，带货的形式通常有以下6种：

1. 工厂短视频带货

这种模式比较简单，厂家直接拍摄产品生产线的画面，配上标准的宣传语就可以。"涡阳春好家居用品"和"义乌市昕瞳日用百货商行"，在抖音上通过工厂短视频带货都做得很成功。他们通过拍摄工厂短视频，把自己的产品优势和特点宣传出来，吸引网民关注，然后在直播中完成转化出单。

2. 直播带货

直播带货更注重直播播主本人的魅力，一方面可以用自己演说的方式直播宣传，另一方面也可以把卖货的过程录下来，二次创作做成短视频，直播带货和视频带货双管齐下，从而达到一次出镜卖货获得两次卖货效果的作用。

3. "种草"短视频

"种草"的意思就是宣传某种商品的优势来诱导人们进行购买的行为。"种草"短视频不会直接销售商品，而是告诉用户你介绍某种商品的理由，从而引导人们产生购买行为。

4. 剧情短视频带货

这种模式就是通过在视频中展示特定内容来吸引特定粉丝，然后在特定粉丝身上完成商品转化。

5. 评测账号短视频带货

因为对产品有着较多的专业性方面的介绍和检测，因此评测账号的可信度相对更高一些，属于专业性账号，一般由某个行业的专业人士来运营。

6. 明星短视频带货

明星短视频带货，顾名思义，就是通过明星本身的影响力和粉丝群来进行带货。

抖音带货成功的原因，是人们在看抖音的时候，大多是出于娱乐消遣的心理，这时候，人们完全处于一种放松的、随意的、无意识的状态，所以也更容易接受广告植入的信息。接下来，我们可以通过了解抖音带货成功的案例，来学习抖音带货的秘籍。

4.2.1 经典案例

抖音的带货行为根据抖音账号主体的不同，通常可以分为两种类型，一种是个人的带货，另一种是企业的带货。

说到个人带货，我想很多人都会想到抖音上的"口红一哥"，作为一名美妆达人，他曾经在化妆品专柜美容顾问的职位上多次达到销售冠军的成绩，也在网红机构举办的美妆直播比赛中拿到过冠军。这些都为他积累了一定的流量，而2018年，他挑战吉尼斯世界纪录"30秒涂口红最多人数"成功，并在"双十一"活动期间与马云比赛销售口红获胜，让他一跃成为国内"口红一哥"，人气暴涨。至2019年，他的全网粉丝数量已经接近5 000万人。其中，有近3 000万名粉丝来自于抖音平台。

原本从事美妆顾问的时候，他的工作就是给客人介绍产品，必要的时候还会自己亲自示范，让顾客观察最直接的效果。当他开始在各个平台上直播、带货之后，他拍摄的视频几乎也是和原来的工作内容相关。在他的抖音账号中，有207个视频作品（截止到2019年8月7日），其中大多数都是他在试用化妆用品并讲解的内容。但与其他美妆博主不同的是，他在视频中的讲解极为翔实、专业且全面，但他很少主动提及让人们去购买自己推荐的某些产品，大多数粉丝都是在观看视频后，需求得到刺激，然后主动去视频制作者的店铺中寻找相应的产品，或直接在其他网络购物平台上选择相应的产品进行购买。

在他直播账号关联的店铺中，销售的都是这些美妆类产品。从销售额来看，卖得最好的一款产品已经达到26.4万的销量，相对普通的产品也基本能够保持几万的销量。而粉丝在他的影响下，从其他渠道购买的产品数量虽然没有办法逐一统计，但他能够在淘宝直播中5分钟带货15 000单，其带货的能力可见一斑。

小米公司是抖音上企业带货的标杆，作为国内排名前列的手机品牌，小米从创立之初就以"为发烧而生"的口号吸引大批年轻的用户，并且凭借粉丝经济，实现了品牌的不断发展。所以当短视频平台兴起之后，小米迅速开通了自己的抖音账号。迄今为止（2019年8月7日），小米手机的抖音账号已经有超过350万名粉丝，比其他在销量方面国际排名上比它靠前的国内手机品牌还要多。

在名为小米手机的这个企业账号下，已经发布了243条视频作品，在视频中出演的大都是小米自己的员工、领导以及代言人，内容的种类也有很多，比如公司搞笑日常、新产品试用、手机功能使用技巧教学等。虽然内容的种类多种多样，但风格却相对一致，大多数都比较轻松、诙谐，不同于人们对于科技企业一贯的严谨、程序化形象,而且也符合小米对自身的个性化定位。

除了风格以外,视频作品中总会有一个永恒不变的主题,那就是小米的最新产品。虽然内容种类千变万化,但视频中最露脸的始终是产品本身。教学和试用会以最新的产品为主体进行全方位或针对性地展示,搞笑的内容也会以产品作为开头、高潮或者收尾,引起用户的注意。

在与其抖音账号直接关联的店铺中,小米一般只会上线一款最新产品。但因为企业账号中,除了直接关联的店铺以外,账号还可以和企业的官网绑定,而在小米的官网上有各种产品的具体信息和说明,所以在店铺中只放一个最新产品的方式也可以理解。但除此之外,小米此举更多是为了弱化抖音账号的营销属性,从而在用户心目中树立一个幽默、风趣的视频播主形象,加强用户与企业之间联系紧密的同时,也符合现代企业品牌人格化的要求。

小米在抖音平台上的带货,并不以平台账号关联的店铺为主要途径,而是通过抖音账号的运营,吸引越来越多的人成为小米的粉丝,然后通过粉丝对品牌的认可实现带货的目的。

4.2.2 案例分析

根据以上两个案例,我们不难看出,流量是带货的基础。无论是个人带货还是企业带货,都需要带货的主体具备大量的粉丝,才能将带货内容有效地传播出去,最终实现带货的目的。

原因其实很简单,我们在前面的章节中就已经提到过,短视频平台的网红不同于明星的主要区别之一,就是网红的粉丝大多来自于平台的算法分发,真正对网红像粉丝一样追捧的用户只是其中一部分。如果网红自身的流量没到一定规模,带货的影响力自然也相对一般,所以企业在抖音平台选择带货网红的时候,首先要思考的就是网红的粉丝数量。这其实也是在告诉我们,在抖音平台进行带货时,在人、货、场元素匹配的过程中,选择人的主要标准就是流量。

企业也是同样的道理，只有在自己账号的关注人数达到一定规模的前提下，才能保证关注用户向消费用户的转化效率，从而确保带货的影响力。但不同的是，通过网红带货的企业可以自由地选择合适的人选，但如果选择经营企业账号的话，那么粉丝的聚集只能通过企业自身的运营来实现。也就是说，在抖音平台上，网红带货形式成功的关键在于选择合适的人，而企业带货则是侧重于吸引更多的人。这也是为什么小米的抖音企业账号一直采用品牌人格化方式进行运营，重视吸引年轻用户的原因。

其实不管是选择粉丝数量达到一定规模的网红，还是企业自己通过运营吸引更多的流量，最终目的都是利用头部效应，放大带货的影响力。

除了人的元素之外，这两个案例还有一个隐藏的共同点，那就是带货的产品类型。不管是美妆产品还是手机，在现实生活中都有固定的产品衡量标准，属于标品的行列。那为什么抖音带货要以标品为主呢？

其实是因为抖音的用户群体主要以一、二线城市的年轻人群为主，这类人群虽然消费水平较高，消费意愿也相对旺盛，但同时他们对于产品的质量要求也比较高。而标品通常具备约定俗成的质量衡量标准，比如美妆产品的功能效用，手机的软件、硬件配置等，都能通过产品具体的配方和配置来获取。所以，对于抖音上的用户来说，标品是更容易衡量质量，做出选择的产品类型。所以抖音平台的带货行为成功与否的关键，在于是否能够找到合适的带货产品，即所谓的抖音找货。

换句话说，"口红一哥"和小米公司之所以能够在抖音平台上成功带货，主要是因为标品的品类属性，与平台的气质形成了完美的匹配。

当然，除了合理地选择人和货以外，流量的高效利用也是抖音带货成功的必要因素之一。因为抖音是典型的私域流量场，网红和企业账号主要能影响的都是自己的粉丝群体。而"口红一哥"的带货能力之所以强大，是因为他推荐的产品质量足够优，所以大多数粉丝都愿意听从他的意见，当用户被带货内容影响而购买了产品之后，产品优质的体验可以让他们更加信任他的推荐，同时也会将他带货的好口碑传递出去，从而形成持续的购买力和新流量。

换个角度看，即使一个直播账号有着上千万名粉丝，如果带货的产品不能让购买过的消费者认可，那么就算在最理想的状态下，带货的数量最多也只能和粉丝的数量持平，而且带货的过程也会始终伴随着粉丝的不满。在这种情况下，视频播主不是在转化流量，而是在消耗流量。当现有的流量消耗殆尽，视频播主想要继续保持自己的带货水平，就需要新的流量积累，但在口碑效应的影响下，他们已经很难再达到以往的流量吸引的水平。而流量的衰落，就会导致视频播主的带货能力下降。至此，一个恶性循环就形成了。

所以，在利用私域流量进行带货操作时，不管是企业还是个人，都要注意带货产品的口碑，这也是用私域流量这一方法必须注意的。尤其是非标准化产品的带货，由于标准的缺乏，视频播主的带货内容就成为唯一质量凭条，这不但关系到带货的效果，还会影响抖音账号的口碑和视频播主的人格定位。

与我面对面

看到这里，您有没有什么启发？不管您是做什么业务的，不管您是个人想学习还是企业员工想学习，都可以关注我的公众号"王冠雄频道"，ID是：wang-guanxiong；或者关注我的抖音号：xcm007，账号为"雄出没科技"；如果是对汽车方面感兴趣的朋友，也可以关注我的快手账号"雄报汽车"。

下面，我有些问题想问问您，抖音的MCN模式对什么样的企业和产品有利？抖音上是否还能产生有几千万、几百万粉丝的大号？如果在抖音上开通了店铺功能，您打算怎么利用？抖音虽然没有电商基因，为何拥有不俗的带货能力？如果您的企业开通了抖音账号，您将怎样运营？

先写下您的思考，然后到公众号给我留言吧，听我的解答！

4.3 快手找人

很多企业在拼命抓住抖音、小红书的红利,却因为觉得快手"土""俗"而忽略了快手潜在的一大片下沉市场。快手因为面对的消费群体是三线城市以下人群,而占领了更大的下沉市场。因符合占更多数的消费者的偏好,并带火了新一批的"平民"营销人员,让这些普通人展现自己的价值,所以说在快手找人。

4.3.1 经典案例

抖音与快手最大的不同在于,前者的用户主要是一、二线城市的年轻人群,而后者用户更加集中在三线城市以及三线以下地区。但相对来说,快手的内容丰富程度、接地气程度都相对强于抖音,所以其能够覆盖的用户类型也更加多样、全面。所以从带货的效果来看,虽然两者的侧重人群不同,但带货的效果其实各有千秋。

提到快手带货,不能不提到快手一哥"散打哥"。这个来自广东梅州的"80 后"年轻人,在 2018 年元旦被罗辑思维创始人罗振宇在"时间的朋友"跨年演讲中定义为"直播电商"小趋势的代表人物,在 2018 年 11 月 16 日快手官方举办的"快手电商节"上,他通过直播的方式,创下了一天卖货 1.6 亿元的纪录。除此之外,他创下的纪录还有:1 分钟卖出 10 万单单价 19.9 元的两面针牙膏,销售额达 3 万元;10 分钟卖出价格 59 元的七匹狼男士保暖内衣近 10 万套;1 秒卖出 658.9 元的小米红米 6 手机 1 万台……

散打哥是 2018 年快手直播领域的"一哥",也是粉丝量超多的网红主播。散打哥最早是通过发布正能量的短视频吸引粉丝的,从开始的几千个赞,到后来的 100 万名粉丝,再到后来的 500 万、800 万名粉丝,散打哥凭借他正能量的短视频,收获了一波又一波观众的喜爱,也越来越体现出他在快手平台上的商业价值。截至2018年年底，散打哥的粉丝数量已经达到4 000多万，获得2018年新媒体百大人物奖，被新榜评价为"凭借正能量段子揽获4 000万粉丝"的网红人物。

截至2019年6月，散打哥在快手平台上的粉丝已经达到4 500万，通过每周六晚上4~6个小时的直播去带货，散打哥的平均销售流水是3 000~5 000万。从开始的直播赚钱，积累粉丝，到后来的直播带货并取得一天1.6亿元的销售奇迹，散打哥强大的带货能力背后有着怎样的逻辑呢？

散打哥重点售卖的产品是美妆、服装、食品和生活百货类商品，属于大众消费品。他售卖的商品有两大特点，一是所有商品都有赠品；二是所有商品都支持7天无理由退货和有运费险。这两大特点，也正符合了三线以下城市用户对价格敏感，追求更高性价比商品的特点。

7天无理由退货和运费险，首先符合让用户放心的属性，无论商品是不是符合需求，用户都可以退货，打消了用户买到不合适商品的顾虑；而赠品的策略，让用户有一种占了便宜的心态，因而更愿意购买。

在与商家合作的过程中，散打哥也是力求给用户带来有更高性价比的商品。他带货的每一件商品，在入选直播之前，他都会详细了解商品的品质和售后服务，商品都是自己、家人和团队的工作人员先试用一段时间，根据试用意见调整后才呈现在直播中；同时还了解商家的售后服务是不是给了用户足够的保障，而商品的价格也是尽量跟商家谈到最实惠的价格。

散打哥粉丝的积累是从他的直播开始的，所以，他在快手直播上给自己设立的就是有正确的价值观、正能量满满的有为青年的人设。很多粉丝都喜欢他拍摄的正能量满满的短视频，也正是这些短视频让他获得了一波又一波忠实的粉丝。成为网红主播后，散打哥更是坚持自己的人设。散打哥每天都会与粉丝保持实时互动，给粉丝介绍产品，现场操作一些对比实验，回复粉丝的关心以及对带货商品的意见和建议等。

除了散打哥以外，快手平台上还有另外一名带货能力超强的主播。

辛巴是2018年快手平台单场直播销售额最大的主播，他曾经创下一场直播销售额为4 000~6 000万元，月销售额突破1.5亿元的奇迹。辛巴直播的方式以秒杀为主，一场直播大概会秒杀15个左右的SKU（库存量单位）。

之所以能够有这样的超级带货能力，在于辛巴将人设定义得非常明确：一方面辛巴不提倡品牌过度溢价，另一方面，他对商品供应链有非常强的把控能力，能够用最低的价格，拿到最高性价比的商品。而且，辛巴在天猫上也有自己的店铺，直接把用户引流到自己的店铺成交，更方便商品品质和利润的把控，让用户以最低廉的价格，在他的消费能力范围内购买到最好的商品。

因为他的人设已经确定，辛巴的粉丝相信他带的货一定是性价比最高的，所以购买他带的货的时候，就不会有太多犹豫，能够更快地成交。

除了网红以外，快手平台也不乏明星带货的成功案例。

2019年6月，某明星在快手直播带货，在不到3小时的时间内，带货金额1 000万元，最高进店转化率接近50%，其中最火的一款充电榨汁机的销售额达到163万元，而这场直播也让她在2小时内涨粉120万名。这场被外界称为"某某宠粉节"的直播首秀，充分证明了快手直播带货网红经济的属性。

利用明星的身份，还可以要求品牌方给粉丝更多的福利和折扣，让粉丝买到真正高性价比的商品，给粉丝带来实实在在的实惠，更增加了粉丝的信任度和黏性。而该明星此次带货的美妆日化、家居用品和食品，也都是人们日常需求的商品，从另一个角度增加了交易量。

散打哥认为，网红主播之所以有强大的带货能力，是因为能够给粉丝带来质优价低的高性价比商品，没有让粉丝吃亏，没有辜负粉丝的信任。如果不能坚持自己的人设，就会消耗粉丝的忠诚度，在直播市场沉没下去。

散打哥粉丝的积累是从他的直播开始的，他认为，粉丝的追捧和喜爱，是对自己价值的肯定。因为粉丝的肯定，他才有了比较大的号召力和影响力，才有了在平台上强大的带货能力。成为网红主播后，散打哥更是坚持自己的这个人设。他认为平台的网红主播也是公众人物，必须要有正确的价值观，才能保持粉丝的黏性。

网红主播无论是做短视频直播还是直播带货，非常重要的一点就是要跟粉丝保持实时互动。从做直播开始，散打哥就很享受与粉丝的互动。他说"直播的感觉很微妙，粉丝们的热情让我觉得很受鼓舞"，粉丝的热情，让散打哥感觉给粉丝们带去的不应该只是短视频，更应该给他们带去更多实惠的东西。于是，散打哥把产品广告植入直播中，这样粉丝就能更直观、更全面地了解产品性能，能够更放心地购买所需要的产品。

所以，商家要想在快手平台上通过直播卖货，需要做到这样三点：第一产品性价比高，让用户感觉买到了实惠；第二，建立并保持立得住的人设；第三，通过与用户的互动，增加用户的信任度。

4.3.2　案例分析

我们前面也提到了快手的主要用户是三线及三线城市以下地区的人们，而这类用户群体通常收入水平一般，消费能力也有一定局限，在购买商品时主要考虑的是自身的需求。所以在带货的过程中，想要引发有效的消费，最重要的因素就是确保产品能够准确地出现在有相关需求的用户面前。也就是说抖音找货。而快手找人。

这里所说的找人，其实有两层含义，第一层含义是对带货人来说，要找到有需求的用户；而第二层含义是对企业来说，要找到合适的带货人。

其实说起来是要找到有需求的用户，但实际是让有需求的用户来找到我们。因为在短视频平台上,用户关注主播的行为全凭自主,我们并不能强制用户接受带货的影响,只能通过产品和内容的合理设置,更加高效地吸引用户,扩大粉丝数量,从而实现找到有需求用户的目的。

从前面所说的三个案例中,我们可以看到,快手带货的主要产品类型都是一些价格相对较低的生活必需品,如普通衣服、日用品等,而这些产品我们通常归为非标品。也就是没有明显的型号区分,没有固定标准的产品。而这类产品的主要特点有两个:一个是价格相对低廉;另一个是适用的人群相对多样。

之所以会出现这样的情况,是因为非标品相对标品而言,更容易找到合适的消费者人群。因为类似衣服、日用品这类商品,大多数人都会存在或多或少的需求,受众人群基数越大,找到有需求用户的可能性自然就越高。当然,这也是在快手这个固定的场上,人与货相互匹配的必要条件。

除了通过带货产品的设置,加速找到目标消费者群体之外,在带货的过程中,我们也可以通过内容的设计,以带货产品相关的内容为主,让用户明确获知产品是否是他们需要的类型,有目的地吸引用户成为粉丝。

而快手找人的第二层含义,即找到合适的带货人,其实也是为了确保带货行为可以有效地影响用户,但与前面提到的方式的侧重点不同,找到合适的带货人,不是为了扩大目标群体范围,也不是为了提高用户吸引的精准度,而是为了让没有需求的用户产生需求。

关于这一点,在案例中已经表现得非常明确,无论是散打哥、辛巴还是后面提到的明星,这些带货人都具备一个共同的特点,那就是与粉丝之间的关系非常紧密并且牢固。通过与粉丝的互动,让用户喜欢上网红主播这个人,然后提高他们对主播发布内容的兴趣。而在喜欢和兴趣的基础上,逐渐形成对网红的信任。这样，在网红带货的过程中，即使粉丝本身并不是特别需要这种产品，也会因为喜欢这个主播而"爱屋及乌"，把东西买下来。

相较抖音而言，很多人认为快手"土""俗"，其实，快手不"土"。之所以被认为"土"，是因为快手记录的是普通大众最真实的生活，是真实社会的一面镜子。在这里，你可以看到一个有生机、有烟火气的人间百态。正是几亿普通人的真实生活，带来了几亿潜在的用户。

这些来自三线以下城市的普通用户，更喜欢购买的东西是零食、美妆、服饰、农副产品和健身器材等生活日用品，这个群体的用户对价格敏感，相信人设，追求放心，同时也追求创新。快手平台正是抓住了用户的这些特性，利用来自于这一群体中间的素人网红，把更高性价比的商品带给这个消费群体，在普惠更多消费者的同时，也带火了新一批的素人网红。

与我面对面

看到这里,您有没有什么启发?不管您是做什么业务的,不管您是个人想学习还是企业员工想学习,都可以关注我的公众号"王冠雄频道",ID 是:wang-guanxiong;或者关注我的抖音号:xcm007,账号为"雄出没科技";如果是对汽车方面感兴趣的朋友,也可以关注我的快手账号"雄报汽车"。

下面,我有些问题想问问您,快手上带货人的人设可以分为几种?哪种对企业和产品有利?快手上的视频有哪些类型,都各自有什么特点?如果您还没有开通快手,您打算怎样从零开始运营账号实现带货(请结合腾讯投资了快手来思考)?

先写下您的思考,然后到公众号给我留言吧,听我的解答!

4.4 知乎找"吐槽"

相比其他带货平台,甚至在同类型知识付费平台中,知乎都可以称得上是独一无二的。一方面是因为知乎平台的问答模式;另一方面是由于平台自身的专业性。在前面的章节中,我们已说到知乎的带货要做到去营销化,只有这样才能实现平台所追求的没有任何烟火气地带货。

4.4.1 经典案例

根据公开数据显示,在知乎平台上,消费决策话题的热度始终处于高位。很多用户都会在消费之前,先到知乎平台上提问,或者查询相关的话题,然后根据问答的结果和查询的资料辅助自己的决策。下面我们以汽车的消费决策讨论举例。

当用户在知乎页面搜索"买车"的时候,排在搜索结果首位的就是"汽车选购"话题。而在这个话题当中,具体的讨论内容已经超过999条。所谓的超过999条信息,其实就是信息的数量过多,平台不再进行具体统计的意思。实际的数量应该远远超过这个数字,这一点从将近170万的用户关注上就可见一斑(见图4-1)。

图4-1　2019年8月14日,知乎"汽车选购"话题页面截图

在"汽车选购"话题下的具体问答中,我们会发现大多数提供答案的用户都是一些专业的汽车行业从业者,或者是有长时间汽车使用经验的人。相比一般人,这些人对于汽车的熟悉程度和专业程度都达到了一定水平,所以给出的答案或者建议也非常中肯和有效。在这些用户中,有人可以提供专业的理论知识,也有人可以根据自己的亲身经历给出具体的实际经验,提出问题的用户根据理论知识和实际经验的结合,就可以得到适合自己的具体方法。

我们在第 2 章中曾提到过知乎带货内容的去营销化特点,大家一定会产生疑问,当带货内容不再具备明确的营销信息时,还能够具备带货的能力吗?答案是肯定的。

我们还是以"汽车选购"话题为例(见图 4-2),"有哪些曾经很贵,但现在很便宜的汽车?"以及"没有任何汽车基础的人,如何买车和避坑?"这两个问题都是用户根据自身需求而提出来的,从回答的内容来看,也都是从相对专业的角度来进行分析。

图 4-2 2019 年 8 月 15 日,知乎"汽车选购"话题页面截图

以第一个问题为例，回答问题的用户从汽车价格、折扣以及车源等多方面进行了具体的解析和推荐，虽然没有附带带货的信息，但实际上提问的用户在看到这些内容之后，会被专业的回答说服，也有可能按照推荐去选择购买的汽车车型，这个过程其实就已经实现了一次无形的"带货"。

在打造"去营销化"内容的时候，我们需要将内容中的营销元素剔除，这种操作听起来简单，在实际操作中，我们还必须注意一些重要的细节。

1. 去芜存菁

剔除不是全面否定，必要的带货内容需要保留。简单来讲，带货的最终目的是实现产品的销售，所以当我们在知乎平台发布关于产品的推荐内容的时候，产品的具体型号、具体参数、包括实际的使用体验，都是必要的内容，因为只有这些信息存在，才可以让我们的推荐具备专业性和能有效地影响用户。但其他的一些信息，譬如优惠券领取、产品活动之类，如果不是问题的关键所在，尽量不要提及，会让人觉得像是推销信息，影响内容整体的专业性。

2. 内容背后的人本思想

我们在知乎平台上经常会看到一些普通人的优质回答，他们虽然不是某些领域的专业人才，但他们从自身的经验和真实的经历出发，往往也能从其他角度给予提问的用户有效的建议。说到底，内容的有效性没有固定的标准，提问的用户的认知就是唯一评判依据，只要我们能够坚持以人为本，秉着助人为乐的原则，即使是没有指导性的意见，对于用户来说也是一定的助力。

3. 尽量以"吐槽"的形式呈现

这一点十分关键，基于独特的平台属性，大多数知乎用户在平台上寻找的都是归属感和认同感。在知乎上，真正以理论形式输出干货的答案，浏览度往往并不高，而那些会追热点能写出读者想看且认同感强的答案，轻易便能获得几千个赞和过万的阅读量。

要想在平台上实现超级带货的效果,巨大的流量支撑必不可少,而知乎的主体流量更偏好以"吐槽"的形式寻求认同,这对企业带货而言是个方向性的关键点。

前文是对知乎带货问答的编写技巧总结,下面我们来介绍知乎平台上,根据带货内容的倾向差异,可分为两大类带货场景:一类是直接的多种推荐,另一类是简单的单一解答。

多种推荐往往与标准化产品一起出现,因为标准化产品有固定标准和明确型号,所以当多种产品同时出现时,用户可以有效地进行对比。

耳机在很多年轻人看来是一种生活必需品,无论是在听音乐、看视频抑或是打游戏的时候,耳机都是非常重要的手机、电脑配件。虽然耳机的价格有高有低,便宜的只有几元钱,昂贵的耳机则可能达到几千甚至上万元,但评价耳机的质量优劣有严格的音质、硬件配备等标准,所以将其称为标品没有任何问题。

在知乎的"耳机选购"话题下,有的用户会询问类似在某个价位区间内,购买哪个品牌的产品更合适的问题,而回答的用户大多数不会笃定地选择某一个品牌或者某一款产品进行解答,而是罗列一些在提问人规定的价格区间内具备不同特点的耳机产品,然后从专业的角度,根据产品的音质、性能、适合使用的场景等多个方面对产品进行解析,让提问的用户可以根据自己的需求选择合适的产品进行购买。这种解答问题的方式,不是简单的解答,而是有目的的推荐。

回答这种推荐问题的用户,大多是专业领域的人才,比如有一个帖子写道,这篇文章是在具有12年电子电器产品测试和认证经验,有着国际电工委员会授权认证的技术专家辅导下完成的。

从平台的内容来看，大多数推荐的产品类型不会超过10个，但实际上，在一个价格区间内，耳机产品的数量绝对不止10个。而回答的用户选择这10种进行推荐，大概率是因为在他带货的源头商铺内，有其中多数产品，这样才能实现他带货的目的。

这种推荐的方式有两个明显的优势，第一，专业知识的罗列可以展示自己的专业性，提高用户的信任程度；第二，推荐的产品种类更多，增加了用户选择的余地，从而让用户有更高的概率在自己的影响下，选择自己想要让他们去的店铺。

单一的解答一般与非标准化产品同时出现，主要原因在于这类产品更多的是需求指向性消费，不需要在太多不同类型的产品之间进行对比，至多也就是在同类型产品中，根据自己喜欢的颜色、款式等进行挑选。

衣服作为一个千人千面的产品，材料、款式多种多样，没有固定的标准，所以服装是典型的非标品。

在知乎的"女装搭配"和"男装搭配"话题下，有很多关于不同类型人群应该如何搭配衣服的问答内容。比如，作为女大学生应该如何搭配衣服，作为职场男性应该如何搭配衣服等，而这种内容大多都是自问自答的带货帖。

在具体的问答过程中，我们会发现在某个帖子下，带货的产品属于同一种类型，虽然价格、款式存在一些差异，但针对的基本是同样的消费人群。在解答的过程中，回答提到的产品基本不会偏离用户的需求类型，但是也会结合同类型用户的不同特点，以及自身的经验，指导具体选择的细节处理。比如不同身材适合什么样的款式，不同肤色适合什么样的颜色等。

类似此类提问的回答者，基本都是一些网店的经营者，在他们的店铺当中，产品的类型是固定的，所以针对的人群也是固定的。带货的关键在于找到合适的人群，而不是根据用户的特点提供商品。这也是为什么这种非标准化产品在带货过程中，会选择自问自答的原因之一。

而添加自身经验方面的内容，是为了增加内容的可信度和专业性，同时也是为了提高带货的效率。相比直接罗列产品的特点和数据，直接解答的方式更加具有针对性，用户不必再经历自己分析的环节，可以直接明确适合自己的产品，从而形成直接的消费行为。

4.4.2 案例分析

2019年8月，知乎对外宣布完成F轮融资，总额为4.34亿美元。这是知乎自创立以来数额最大的一轮融资，由快手领投、百度跟投，腾讯和今日资本继续加码投资。其中，快手和百度是首次作为战略投资者参与对知乎的投资。

在行业融资难度加大的情况下，知乎能获得快手和百度两个新老互联网巨头的投资，很大一部分原因便是其公域属性。知乎是典型的公域流量场之一，因为知乎的专业性基本是家喻户晓的，即使不是知乎的忠实用户，也有很多人会在使用其他信息平台的同时，将知乎作为第二现场，以实现自己多角度获取信息、学习知识的目的。从整体来看，人们对于知乎的整体信任度还是较高的，所以带货内容能够影响到的不只是知乎平台的用户，还有大量其他平台的用户。

引导用户从其他平台流向知乎的契机，并不像其他有合作关系的平台之间，通过链接互相连通，因为其他平台与知乎的联系，通常是凭借共同的话题而搭建的。比如，当我们在其他平台上搜索一些专业性较强的知识时，得到的答案不尽如人意，这时很多人就会选择到知乎上再一次进行检索和查看。

而知乎作为一个开放的平台，兼容性非常强大，无论是标品还是非标品都可以在平台上进行带货。但不同类型的产品，带货的方式也存在一定差异。

■ **超级带货**

从标品的案例中我们不难看出，对于标品来说，带货的关键在于选择适合用户需求的产品，这一点我们在讲解抖音的标品带货时已经强调过，这里不再赘述。之所以采用推荐的方式，也是为了给用户更多的选项，提高带货的成功率。

除了推荐合适的货以外，何种类型的带货人提出推荐的内容，也会影响到最终的带货效果。而对于标品的推荐，最为重要的就是内容的专业性，因为只有专业才能让用户信任，只有信任才能引导产生消费，所以，在标品的场景下，最为合适的带货人应该是相关领域的专业人才。

从具体的带货过程来看，根据用户的需求进行推荐，体现了立足于品类属性，根据产品特点选择合适带货渠道的方法。其他企业在利用知乎平台进行带货的时候，也要充分考虑这方面的问题，在创作带货内容或者回答用户问题的时候，尽量从产品自身的特性出发，比如在案例中用户提到了价格问题，那我们就应该以价格为主要考虑因素，选择合适的产品进行推荐。

而根据非标品的案例我们可以看到，知乎平台的非标准化产品，主要的带货人群是网店的直接经营者，他们在知乎提供内容的唯一目的是引流到自家店铺，从而形成消费。而这些商家的产品一般相对固定，虽然有不同的价位，但通常有自己的目标消费者人群。比如我们经常在淘宝和京东的店铺名称中看到，"学生""中年""老年"以及类似的关键词。所以在这种类型产品带货的过程中，关键在于选择合适的消费者群体。

同样运用这一原则的平台还有小红书，但不同的是小红书是通过点评数据进行带货，虽然承载带货信息的内容不同，但成功的法门不外乎根据用户需求分享推荐合适的标品，以及根据非标品的产品特性，有针对性地对目标消费群体进行分享。

与我面对面

看到这里,您有没有什么启发?不管您是做什么业务的,不管是您个人想学习还是企业员工想学习,都可以关注我的公众号"王冠雄频道",ID 是:wang-guanxiong;或者关注我的抖音号:xcm007,账号为"雄出没科技";如果是对汽车方面感兴趣的朋友,也可以关注我的快手账号"雄报汽车"。

下面,我有个问题想问问您,知乎的商业化方向会是什么样的?您怎样让您的回答和问题尽可能在知乎上多露出或者显示的排名靠前?知乎上回答的调性适合带什么样的货?您怎样利用知乎的专栏、课程、Live 等功能?如果您想在知乎中进行带货,您如何利用知乎上长期沉淀的数据为产品打造闭环?

先写下您的思考,然后到公众号给我留言吧,听我的解答!

第 5 章　超级带货的未来：崭新的 ABCD5 时代

时代迅速向前，商业市场风云变幻，如今，新科技层出不穷，或声势浩大，或润物无声般地改变着人们的生活方式。如人工智能，已经进入了社会的各行各业中，使各行业的发展如虎添翼；如区块链的"打假"功能将为社会带来更高的安全保障；如云计算的发展使得存储备份、视频等开启了新方式；如大数据帮助各种网站和 App 在首页实现精准的目标推送；而 5G 是 2019 年及以后的一个大主题，社会已做好了迎接 5G 的准备。

5.1 A：人工智能

场景一：周末，你正在家里看书，手机上收到一条短信："您在××平台上购买的××商品正在送货中，距离您家还有200米，请做好收货准备。"几分钟之后，门铃响了，你打开门，看到门外站着一个抱着箱子的机器人。机器人用清晰、标准的普通话向你问好，并且与你一一核对货物的相关信息，最后把箱子交给你后还向你"卖萌"，要个好评。

场景二：清晨，你在机器人温柔的叫醒服务中醒来，睡眼惺忪地伸了个懒腰。当你下床走进浴室，浴室里的机器人已经帮你放好了水，挤好了牙膏，你对着镜子开始刷牙。这时门铃响了，你含糊不清地问："谁啊？"看门机器人过去扫描，向你汇报来者身份并请示是否开门，得到肯定的回答后看门机器人打开了门，从外面的快递机器人手中接过你的快递包裹。与此同时，房间里的清扫机器人正在为你整理房间，厨房的做饭机器人正在为你制作美味的早餐，客厅的机器人为你打开电视机，晨间新闻和天气预报开始放送……

这样的场景，是不是仅仅想象一下，就会让人热血沸腾。但更令人激动的是，有些想象已经开始变成现实。因为我们正处在一个人工智能即将到来的时代，人工智能正在一点一点改变我们的生活。

那么，什么是人工智能呢？人工智能（Artificial Intelligence，简称AI），是计算机科学的分支之一，是一种机器模拟人类思维和行为等信息，从而对外界环境做出类似反应的智能技术。如今AI技术日益成熟，移动互联网的发展促使它的应用领域被逐渐扩大，如在生活领域、工作领域和科技领域中都能见到它的身影。

从1956年"人工智能"的概念被首次提出，到人工智能开始从理论走向实用，再到互联网、大数据、云计算等技术不断突破更新，人工智能已进入了蓬勃的发展期。

5.1.1 人工智能时代已经来临

上文提到的场景一即将到来,或者说已经在来的路上。比如,京东在2019年"618"期间便实施了人工智能预约服务,同时也把一些机器人投放到物流中进行搬货、拣货;亚马逊在2019年开始测试可自动送货上门的机器人Scout;福特公司2019年也推出了能够将重量为20kg的货物送到买家门口的机器人Digit……可以期望,在不远的将来,当我们打开门的时候,或许真的会看到一个机器人正在向我们露出"微笑"。

上文提到的场景二是未来对人工智能的展望,随着人工智能技术的不断发展,这些场景都会一一变成现实。其实,在现实生活中,人工智能技术已经开始出现,并给我们的生活带来了极大的便利。比如,具有很强的智能操控性的扫地机器人就已经成为我们生活中的得力帮手,其中最具代表性的是米家扫地机器人和360扫地机器人,随着人工智能技术的升级,扫地机器人的使用体验也在不断升级中。再比如,百度推出的"小度"智能音箱系列,不仅能够播报天气预报,还能与人类互动,在综艺节目《向往的生活》里更是成为国民新宠……由此可见,在可以展望的未来,人工智能机器人将完全进入人类的生活。

当然,除了渗入生活领域,人工智能在医疗、航空科研和电商销售等领域中也被广泛应用。比如,机器人医生已经开始上线运作,网上的很多医疗App里都带有智能问诊功能,患者可以向机器人医生描述状况,了解自己可能患的疾病和常规用药方案;比如,空间机器人,帮助人类在外星球上进行先驱探索;比如,直播间的AI助手"直播小蜜"能够秒回观看者的提问,与粉丝形成互动,既是直播神器又能帮助带货……

人工智能的蓬勃发展意味着机器文明不可阻挡地到来，这不是以人类意志为转移的，我们能做的是在人工智能的时代摆好迎合的姿态，利用好这个时代的机遇去进行创造。

5.1.2 人工智能在超级带货领域的应用

说到人工智能，百度公司无疑无法绕过。百度是国内最早在人工智能领域进行布局的科技巨头，为此在过去几年共计投入了数十亿美元。百度的 AI 战略主要围绕着 Apollo 和 DuerOS 两大生态展开，都取得了不错的成绩。如今，百度正在积极推动人工智能技术渗透到各行各业中。除百度外，旷视科技也是国内较早开始研发人工智能技术的公司，该公司研发的 Face++ 人工智能开放平台、智能端到端城市管理解决方案等核心产品在很多领域都得到了应用。

人工智能技术的发展，推动了营销领域的快速变革，百度在人工智能营销方面做得尤为突出。2018 年，百度联合知萌咨询机构共同发布了业内第一本阐述人工智能赋能营销的权威报告《AI 赋能营销白皮书》。这份报告通过洞察人工智能时代用户多场景的智能化需求及挖掘品牌对人工智能营销的需求，并结合当前人工智能赋能营销的领域和相关案例，提出人工智能赋能营销的方法和策略，为品牌提供了全新的人工智能营销指南。

在企业营销方面，人工智能在其中的应用已经帮助企业开辟了与顾客连接的新方式。在阿里巴巴、京东、苏宁易购等电商平台上，人工智能直接将企业与消费者更加有针对性地联系起来，企业有了新的销售渠道，消费者的消费体验也随之得到了升级。

众所周知，直播加电商的方式屡创带货奇迹，人工智能与带货又能产生什么关联呢？我们先来看下面的案例。

第 5 章 超级带货的未来：崭新的 ABCD5 时代

2019 年的"618"，天猫有超过 600 名人气主播、近 10 万个直播间在线介绍推荐各类商品，成千上万名消费者在观看直播的同时不断把心仪的商品放到购物车里。而主播们忙于介绍商品，难以对消费者的规格尺码、有无优惠券等问题进行及时回复，这时阿里巴巴研发的 AI 助手——"直播小蜜"上场了。它帮助直播间的主播自动秒回消费者的提问，这样一来，既不用打断主播的介绍，又能减少主播回答问题的重复率，还能帮助消费者第一时间了解想要的信息并抢到尖货，提升消费体验。

"直播小蜜"2019 年第一次在天猫"618"全面应用，每个直播间的"直播小蜜"相当于 480 个专业客服人员，提升了 15% 的提问人群的下单转化率。目前淘宝站内有七成主播拥有了"直播小蜜"，很多网红和直播大 V 也都在使用。"直播小蜜"助力主播，帮助主播玩转直播，直播带货能够更上一层楼。

人工智能的发展对于超级带货领域和购物消费领域来说都是一个巨大的惊喜，它帮助超级带货王们在有限的直播时间里既能按时对产品进行介绍，又能给予直播间的粉丝更好的体验，总体提升了带货流量；它也帮助想要进行消费的粉丝尽快了解到自己感兴趣的产品的相关细节信息，让他们跟上主播的节奏，为他们提供了完美的购物体验。

可以说，现在人工智能的"带货能力"已经不容小觑，阿里巴巴之前的人工智能"店小蜜"就帮助小米、苏宁等多位商家拿到了过亿元的交易额；去年"双十一天"猫的"阿里小蜜"成功实现了在线服务领域的智能升级，帮助平台承接了 98% 的在线服务需求。俄罗斯研发出可以依据人的喜、悲、惊、怒四种情绪和个人偏好来调制鸡尾酒的人工智能，不仅适用于各种活动的展览，而且还在零售大厅中可进行目标销售等。由此可见，AI 不仅可以帮助电商平台开启新的盈利渠道，其未来的超级带货趋势也很值得探索展望。

人工智能 = 算法 + 数据 + 硬件结构，这也是人工智能促使未来的超级带货领域进一步发展的有力保障。超级带货里的营销核心是目标用户和带货主播，算法和数据能够将两者进行精准地连接，即"你是我所需"，而硬件则撑起了算法和数据的有效运转。所以，对于未来的营销，人工智能必不可少。

"AI+带货"将成为一种新的趋势，帮助销售者以更低的成本找到用户、销售商品，也能够帮助消费者快速找到其所需的优质商品、成功下单。正如阿里巴巴首席客户官吴敏芝所说的那样，技术能够激发出强大的服务潜能，智能与人类的结合就是便捷与温度的结合，能够对未来的服务体验进行重新定义。而带货营销既是销售和消费，也是一种服务，加入AI技术能够让这种服务系统变得更加完善。

5.2 B：区块链

场景一：上了一天班，晚上你懒得做饭，于是打开了手机，打算在外卖平台上点餐，可是这时候你突然想起了一件事：最近一段时间，各大新闻媒体都相继报道了一些类似于"经抽检结果显示，××地区外卖的原料不合格""××店的咖喱饭里吃出了苍蝇""知道外卖不健康，但没想到会脏到恶心"……想到这些，你立刻打消了点餐的念头，转身到厨房去烧水，准备泡一碗面；出差在外，到达酒店之后，原本可以舒服地睡上一觉，可是这时候你突然想起了前一天刚刚看到的一则新闻"××酒店在客房中安装针孔摄像头，被顾客发现报警"，于是一进房间，你就开始进行全面检查，但最后并没有发现什么异常，但你的心情却因此受到了极大影响，住宿体验也变得极差；出差回来后你觉得身体不舒服，就去看医生，你告诉医生，上次在另外一家医院体检时身体出了一些小问题，但由于当时没太在意，所以也没有记得很清楚具体的病情，经过交流，医生建议你再体检一次，以确定你的病情，然后才能为你诊治。

场景二：下班回来后，因为不想做饭，你迅速决定给自己订一份外卖。打开手机，点开外卖平台，浏览一番后决定买一份煲仔饭。选定之后，点击所选食品的历史资料库，在里面你看到了关于这份煲仔饭的详细信息，如食材来源、购入方式、购入时间、规格和质量……一一查验完毕之后，你最终放心下单；出差在外需要住宿时，你也不用再过于担心酒店的安全性，因为当你选择一家酒店之后，可以打开这家酒店的诚信档案进行相关的信息查询；当你身体不适去看医生时，也不用因为描述不清以往的病情而必须得重新做一遍检查，你可以出示你的电子病例，医生能够在里面看到你的个人医疗的历史数据，然后参考过去的治疗情况，快速高效地为你诊治。

上面的场景一是现在我们生活中存在的、还没有被改善的很多社会上的不良现象，场景二是已经在解决或者未来一定会解决或得到改善的对应情况。这种安全便捷的未来很美好，但更美好的是未来正在来，因为解决这些问题的关键技术——区块链（Block Chain）技术正在向前发展。

5.2.1 区块链：数字资产的另外一种权益

从 2008 年区块链的概念被提出到 2009 年区块链正式诞生，从 2016 年我国将区块链列入《"十三五"国家信息化规划》到 2019 年我国发布和实施《区块链信息服务管理规定》，区块链已经成为市场经济的一部分，也成为国民经济发展中重要的一环。区块链是虚拟经济中数字货币的支撑点，是比特币最基础的技术和最重要的概念。

区块链技术被应用到生产、生活的很多领域，正如上文案例中提到的，它能够帮助餐饮行业有效解决最大的难题——食品安全问题，让消费者快速获取所有的食品来源，了解相关食材的信息，使消费者放心地点餐用餐；

也能够记录酒店和入住者的不当行为，让每个人都能看到但是无法自主篡改，有利于酒店的监督；还能够将每个人的医疗记录进行保存，形成个人电子病例，病例上的数据直接由患者本人掌握，既保证了隐私性又为跨医院治疗提供了方便。

除此之外，区块链在其他行业领域中同样发挥着重要作用。在金融中，目前正在发展中的区块链融资项目，逐渐发展出了全新的金融生态；在公益慈善业中，人们可以通过区块链来追踪捐款的去处，打消捐款的顾虑，为慈善业保驾护航；在画作等艺术业中，人们通过区块链技术来查看之前画作拥有人的身份，从而帮助其进一步鉴别画作的真伪；在物流行业中，区块链也适合用于跟踪货品从出发地到目的地之间的运送过程，使货物更加流畅，安全性得到更高的保障，等等。

区块链（Block chain）是去中心化、分布式数据存储的计算机应用技术的新模式，其本质是一个去中心化、公开透明的数据库。区块链技术之所以能够为社会带来颇多益处，推动社会进一步发展，究其原因，是其本质在发挥作用。但是，相关的炒币行为却实属扰乱了技术圈的风气，不值得提倡。

5.2.2 区块链在超级带货领域的应用

面对这项新技术，很多企业已经抢先加入了区块链的掘金大本营中。腾讯将区块链技术运用到公益寻人项目中，使寻人成功率得到精准提升；百度将区块链加入到资产证券化中，很多产品已经在上海证券交易所挂牌；阿里巴巴基于区块链的跨境贸易溯源体系已经搭建起来。在这些应用中，最受大众关注的，是区块链在带货领域的"打假"功能，即"区块链打假"。

2019年7月，央视的《经济半小时》曝光了抖音网红的带货清单里有不少三无产品，结果在那段时间，"抖音网红带货刷单"直接登上了微博热门，很多人对超级带货领域里存在不少违法违规、不合格产品的现象进行了探讨。有网友表示，社会在发展，网红、明星通过直播在几大平台上带货是发展趋势，只要产品质量过关、有保障，自己是很愿意接受并且去购买的；还有网友表示，除了抖音，其他很多平台的网红的直播带货清单里也存在大量三无产品，这让很多人始终不太敢相信网红带货的产品。

无论社会如何发展，消费者的购买原因都离不开产品品质的保证，也就是说，产品质量一定要过关，这是所有销售方都要遵循的不变原则。

在带货领域用区块链技术，虽然难以根治假货，但是将它作为打假解决方案中的一个环节却有着一定的优势，比如信息完全公开、追踪产品来源、增加消费者信任度等，这些都可以在一定程度上有效抑制假货的泛滥，帮助超级带货领域得到进一步的良性发展。

在目前，很多电商企业，如京东和阿里巴巴等都在大力发展区块链打假技术，这两大电商平台都认为区块链技术是未来应对假货和不合格产品的最佳对策。如今，当消费者在京东或阿里巴巴购买商品后，只要点击商品的"电子护照"，就可以扫描二维码来查看商品的相关信息，以辨真伪。

当区块链技术日渐成熟之后，在带货领域就可以建立起更完备的溯源系统，让消费者更轻松地查询到完整的产品数据信息，为产品验明正身，让假货"无处遁形"。

5.3 C：云计算

场景：你喜欢"吃鸡"游戏，虽然你的电脑配置不足以支持整体游戏的运行，但你利用云服务器依然能够在电脑上畅快地打游戏；你毕业了，正在找工作，在不同的时间通过几个不同的电子邮箱将个人简历在几秒之内就发送给了招聘方，登录一个账号就能查看到所有的往返邮件。

上面场景中描述的，是在现在的生活中很常见的情景，这也是互联网时代另一个新技术的兴起和发展所带来的对现代生活的改变，这个新技术就是云计算（Cloud Computing）。

5.3.1 云计算：为用户提供按需服务

上文中的百度云就是存储云的一种，是在云计算的基础上发展出来的新存储技术。用户能通过互联网获取云端的资源，也能将本地资源上传到云端上，对资源数据进行存储、备份、归档和记录；用户在玩游戏时所用到的云服务器就是云游戏，基于云计算技术发展而来，即使用户的电脑配置不够，通过连接云服务器，也能享受到高质量的游戏；协同电子邮箱也是云计算在发挥作用，它可以将不同邮箱的邮件整合在一起，只要登录一个网站或平台就能看到所有电子邮件，省去了打开不同邮箱去查看对应邮件的时间。

云计算的时代正在到来，根据中国信息通信研究院在2019年7月发布的《云计算发展白皮书（2019）》，我国正处于云计算技术飞速发展的阶段，云计算也在改变社会的经济和国民的生活方式。

那么，什么是云计算？云计算是一种分布式的计算，通过网络"云"可以在很短的时间内对数以万计的数据进行计算处理，这一概念在2006年首次被提出。云计算技术是一种以互联网为中心的新网络应用概念，将多种计算资源协调集合起来，用户只需付出极低的价格，就可以快速方便地取用网络上的众多虚拟资源。

云计算首要的特点是高性价比，用户以极低的价格就能获取到想要的资源，除此之外，云计算还有很强的虚拟化技术、按需部署性、高灵活性、可靠性和可扩展性等特点，所以它的兴起和发展是互联网社会不断进步的一大标志。

除了上文场景中描述的几种情景以外，云计算在生活领域中的应用还有很多，比如云音乐可以帮助用户同步云端的播放列表，并根据不同的播放设备对音乐文件自动进行音质的选择；云视频可以自动识别播放设备来选择合适的视频文件，并同步用户在不同设备上的观看进程；云搜索让搜索内容在远程的云计算机上完成，然后将最后结果直接返给用户；云杀毒在网络远程计算机的杀毒服务器上完成本地计算机的杀毒更加安全……

这些都是云计算技术在生活中比较成熟的一些应用，除此之外，云计算也已经开始在其他行业和领域大力发展。比如，政务云在城市管理和公共服务上的应用，节约了信息化成本并提高了政府服务的效率，从而进一步帮助城市运行，为建立数字城市奠定基础；金融云帮助银行和证券等进行业务创新，提供更加方便快捷的客户服务；交通云为用户提供全方位的网络和数据安全，提高了数据的传递效率和资源利用率；还有能源云、电信云、医疗云、教育云……

除此之外，很多大企业也自主创立了各种"企业云"服务平台，比如，华为的华为云、腾讯的腾讯云、京东的京东云和阿里巴巴的阿里云等，这些利用云计算技术创立的平台不仅帮助企业降低了成本，还给用户提供了更好的服务体验，推动企业发展壮大。

5.3.2 云计算在超级带货领域的应用

云计算在电商中的应用更是奇妙，通过对资源信息进行整合和共享，不仅提高了企业数据的安全性，还提高了交易效率，同时也扩展了企业客户群和业务。也就是说，电商企业和云计算有相似的服务基因，两者结合起来能够为最终的产品销售提供便利和保障，为企业赢得更高的利润。

众所周知，直播带货目前已经成为电商在销售产品上的标配。直播带货很新潮、很火，其中自然少不了相关技术的支撑，如前文所述，AI 技术能解决主播不能及时回答观众提出的问题这个困境，区块链技术能解决带货的产品造假或其他质量问题，而云计算技术解决的是整个直播系统顺畅运行的问题。

对直播进行深入分析后我们发现，直播其实就是先在云服务器中上传主播录制好的视频，当服务器处理完成后分发到数以万计的消费者的终端上，这个过程中间一定要有多种云产品的支持，如云数据库、云服务器和负载均衡……简而言之，直播就是一种高并发下的视频流处理。

将云计算融入直播带货中，其优势主要包括：进行直播监控，即对直播流信息实时监控，对违规内容实时处理；数据更加安全，有效避免数据被泄露的事件出现；App 安全，有效规避被攻击、刷粉等事件……

在过去多年的"双十一"期间，全球范围内同时会有数以亿万计的用户进行在线购物，其中有相当一部分是通过看直播来进行购物的，所以每一年的这个时期都是网络交通的拥堵高峰期。而正是因为有云计算的支持，我们的服务器才能安全而且顺畅，没有发生崩溃和瘫痪，消费者也才能一直享受舒适的"双十一"购物体验。

随着我国云计算产业的蓬勃发展，在直播带货领域内的应用也呈现出增长态势，但是，相应的法律、法规体系还没有被建立起来，所以云计算的应用还存在一定的局限性。同时，云计算技术还处于更新发展阶段，在带货领域中要发挥更大的作用也需要一定的时间。但至少我们可以预测到，在未来，随着科技的不断发展，云计算一定会像水和电一样，成为人们生活中的必备品，到那时，它将会拥有更广阔的应用空间。

5.4　D：大数据

场景：无聊时打开淘宝，即使你当时没有购物欲望，但看到首页推送的商品还是有可能被吸引，点进去之后，看着看着就可能开始忍不住加购物车了；你经常在爱奇艺上观看喜剧片，那么当你点进爱奇艺的时候，首页上一定会有很多类似新出的或经典的喜剧片；某天心情郁闷，你在某网站上看了几篇励志文，下次再点进去就会发现，网站首页给你推送的文章中励志类的文章数量明显增加；微博里的推荐，也会根据你每天在某类信息上浏览的时间来确定，你的时间分配给了娱乐八卦，还是分配给了科学技术类新闻；如果你在抖音上观看的音乐视频较多，那么你就会发现在你的抖音界面上会出现越来越多符合你心意的音乐短视频，如果你在抖音上经常购买化妆品，那么抖音给你推送的短视频和主播大多都会与化妆品有关……

如今，类似这种网络门户或平台为用户进行个性化推荐的场景比比皆是。首先，门户或平台会对用户的历史足迹进行分析，再为不同的用户贴上相应的标签，接下来就会主动推送与用户个人标签相关的内容，从而增加用户黏性。在这个过程中，各大门户和平台运用的核心技术就是大数据（Big Data）。

5.4.1　运用大数据，实现数据的增值

我们正处在一个大数据不断深入生活、改变生活的时代，可以毫不夸张

地说，在大数据面前，我们每个人都是"透明"的。只要在互联网上留下足迹，那么我们的信息就会不断地被记录和保存下来，而现在几乎每个人都离不开互联网，所以各大门户和平台想要获取用户的信息非常容易。

那么，什么是大数据？大数据指的是数据的集合，该数据集合难以在一定时间范围内用一般的软件工具进行处理，它需要在新的处理模式下才能发挥出作用，是一种海量且多样化的信息资产。大数据的概念在2008年被维克托·迈尔-舍恩伯格（Viktor Mayer-Schönberger）和肯尼思·库克耶（Kenneth Cukier）提出，因为其大量性、多样性、高速性和真实性等特点，被广泛用于社会经济和生活中，也因此推动了人类社会整体向前发展。

大数据在其他技术的结合和衬托下，被更好地利用起来了，如前文所说到的人工智能、区块链以及云计算等新技术，都与大数据进行结合，更好地发挥了作用。大数据是人工智能的基石，大数据+区块链保证了交易的安全性和便利性，大数据与云计算如硬币的正反面一样难以分离，大数据作为一项资产、人工智能作为一种能力、区块链作为一个节点、云计算作为一项任务，四者相互嵌套，将不断扩大数字经济的规模，共同推动数字经济向前发展。

当然，除了像上文描述的场景以外，大数据在其他行业和领域中也发挥着重要的作用：比如，在金融行业，大数据在高频交易中能够帮助银行、证券和企业等计算出相关交易的具体信息，有效规避该行业的各种高发风险；在医疗行业，大数据分析能帮助医疗机构不断提高医疗水平和治疗效率，既能快速分析出患者身体中相关DNA的信息，为其提供最好、最新的医疗方案，又能为患者建立疾病风险跟踪机制，对其记录分析，预测出可能会发生的疾病，及时进行解决；在打击犯罪上，大数据可以帮助警察跟踪捕捉罪犯；在城市管理上，大数据可以帮助推进智慧交通；在企业管理上，大数据可以协助目标营销……

5.4.2 大数据在超级带货领域的应用

在大数据时代，科技发达、信息流畅带来的是人与人、人与货、货与货之间更加紧密的连接，这在超级带货领域中得到了最大化的体现。带货是从双方来说的，即消费者和带货产品，超级带货就是要快速地让货找到对的人、让人找到对的货，这样的带货过程才是真正方便高效的，这也是超级带货领域想要持续发展的重要前提。

对货而言，大数据能够帮助商品，在大量的消费者里面精准地找到高价值或高潜在的目标用户。因为对广大用户的历史搜索、浏览和消费等行为进行大数据分析，就会很轻松地识别出金牌消费者，然后将带货产品的信息推送给他们，从而促进消费行为的产生。除此之外，大数据还能进一步根据消费者观看视频和直播的类型和时长、参与直播互动和自主转发的次数以及购买产品的品类和价格等信息，分析出当下消费者的需求喜好和需求发展趋势，然后以用户需求来决定和更新带货中的产品，实现持续性地精准营销。

对人而言，大数据能够对每位消费者的搜索记录、消费习惯和消费偏好进行分析，对个人的消费数据进行挖掘，从而迅速为其推送出当下正需要或者正在寻找的优质产品和相关优惠信息，为消费者节约寻找产品的时间和精力，升级了购物体验。

那么对传统企业而言，如何才能通过大数据，实现超级带货的预期？让我们来看看周黑鸭和美的这两家典型传统企业的做法。

以黑鸭制品为主要产品的湖北特色品牌周黑鸭是一家典型的快消品企业，

每年的 4~8 月是周黑鸭的销售淡季。为了弥补淡季销量短缺的问题，周黑鸭通过市场调研和阿里巴巴平台上的搜索词趋势、人群画像匹配度，于 2017 年首次推出年度战略新品——"聚一虾"小龙虾。这款新品上市之后，一度引爆了社交圈，成为 2017 年度刷屏级事件，这也让"聚一虾"小龙虾成为周黑鸭的又一爆款产品，实现了真正意义上的超级带货。

再来看看美的，它的选品思路，也是在经过人群、行业和详细的竞品价格、属性等一系列数据分析后，找出最有潜力的店铺"带货王"。比如美的调取自身与竞争对手的电风扇价格和销量分布，发现竞争对手的货品布局缺少 200~300 元的价位段，从而选定 2018 年夏季黑色、五叶遥控款、200~300 元价位段为主推爆品。

大数据时代，市场需求的发现和满足都有着和传统商业模式完全不同的逻辑思维。在过去，抽样调查算是数据搜集的比较可靠的方法。而在大数据时代，至少调查样本可以扩大几百倍，还可以尝试复杂得多的数据处理。从理论上来说，商家甚至可以做到对所有目标对象进行全面调查，而且对得到的所有数据进行分析。

因为互联网的便利性，以及数据存储能力和处理能力呈爆炸式增长，过去难以克服的难题都有了处理的可能性。比如全国范围内有百万家小型便利店，在以往，想要统计和分析分散在各个角落的便利店分别有什么需求，它们服务的人群有什么消费偏好，无疑是一件十分困难的事情。而现在，借助大数据分析，就能通过这些便利店在进货渠道的进货行为，较为准确地判断出几乎每一个店的经营状况和服务人群的消费偏好。在此情况下，店主和供货方都可以根据实际情况做出更合理的安排。传统的经销商批发模式，肯定无法做到这一点。没有强大的数据处理能力，就算搜集到这么多数据，也很难让数据发挥作用。

因此，大数据是传统企业无法绕过的一个具有决定性意义的重要技术，对大多数企业都会造成不可忽视的影响，无非就是什么时候，以什么样的方式，发挥多大影响力的问题。

需要注意的是，由于数据的开放性，不可避免地会对消费者的个人信息造成安全威胁。但这些缺陷会随着科技的发展而慢慢得到缓解和消除，而且在未来，首席信息安全官（CISO）会普及到每个行业的每家企业当中，到时候就可以在很大程度上使数据在源头得到安全保障，从而让消费者可以放心大胆地享受大数据带来的优越生活。

5.5　5：5G

场景：当你想在手机上观看某部电影时，只需要10秒的下载时间，就可以享受到超清画质的观看体验；当你想把一些视频资源分享给朋友时，通过智能终端在几秒之内就能实现；当你驾车外出时，只需要在车里舒服地坐着，车辆就能自动驾驶将你带到目的地；当你生病需要动手术，但是人却离一线城市很远时，不需要长途跋涉，大城市的医生通过远程操控就能为你完成手术；当你与朋友视频通话时，画质超清晰，绝不会出现因网络延迟带来的"鸡同鸭讲"的现象；当你打游戏时，全息网游能够让你以第一视角来体验游戏，使你真正沉浸到游戏当中；当你看电影、看比赛、看演唱会或与朋友视频时，这些都会以3D的形式呈现出来……

2019年，工信部将5G商用牌照正式发放给了中国电信、中国移动、中国联通和中国广电，标志着我国正式进入了5G的商用元年。可以说，2019年是5G逐渐出现在大众视野中并开始被大众所接受和使用的一年。比如，华为、小米等手机品牌已经推出或已经把5G手机的推广提上日程；中国首张5G终端的电信设备进网许可证已经被华为拿到；中国移动率先表态，将发布首个 5G 套餐；外科医生在 5G 技术下已经完成了全球首例远程手术，在福建将 48 公里外一只实验动物的肝脏成功切除⋯⋯

5.5.1　5G 已来，未来可期

5G 来势汹汹，万物互联即将实现，网络的通畅性和稳定性将前所未有，用户体验也会不断升级，智能化也将随之得到高度发展，社会经济和生活都会在 5G 的影响下进入快速更新迭代的阶段，并开始一系列深刻化、全方位的变革。

5G 给社会带来的是机遇也是挑战，各大产业链已经做好了在这次机遇和挑战中，改造自己和升级自己的准备，一个健康完整的融合性生态圈将会慢慢形成，最终使人类的生活水平、生产水平和社会经济等达到一个新的高度。

那么，什么是 5G 呢？5G 是第五代移动通信技术，简称 5G。在谈论 5G 时，很多人总会犯一个常识性的错误，就是将其与 4G 进行对比，其实相较于 4G，5G 已经发生了很大的空间变化，就像汽车比马车快，但汽车与马车相比并不仅仅是简单的技术升级，而是发生了根本性的空间变化。所以，5G 并不只是简单的 4G 升级，对现实社会带来的惊喜和震撼也已经远远超出对简单地将 4G 升级后得到的益处的预料，正所谓"4G 改变的是生活，5G 改变的是社会"。

5G 的第一个特点就是速度极快，正如在前文场景中提到的，原来在 4G 模式下，下载一部电影可能需要几分钟，但在 5G 模式下，这个过程可能只需要几秒；第二个特点是网络延迟很低，正如上面场景中提到的外科医生利用 5G 实施远程手术，网络延迟只有 0.1 秒，另外，这种低延迟还可以保障用户在看直播、打游戏时再也不会慢人一步，能拥有更好的使用体验；另外，5G 还具备容量高、耗能少、高兼容和高稳定性等特点。

随着 5G 技术的到来，各行各业都在备战，并寄希望于 5G，希望能够与 5G 结合，实现行业的高速发展。在医疗行业中，5G 正在使远程医疗慢慢变成现实，而 5G+ 人工智能、区块链和云计算等技术的融合也将进一步推动医疗技术升级，如无线医疗、远程机器人手术、能自动驾驶和上门诊治的机器人诊所都将陆续出现；在教育行业，5G 将帮助智慧教育开启全息教学，届时偏远地区的学生也能够享受到优质的教育资源；在交通行业中，由自动驾驶、无人驾驶和远程驾驶带来的便捷时代也正在逐步开启，同时联网无人机也将得以运行；另外在企业工作中，在线办公、远程办公也将慢慢成为工作主流模式……可以说，5G 与各行各业的融会贯通，将真正实现万物互联，为社会经济发展带来重大的战略意义。

5.5.2　5G 在超级带货领域的应用

在电商企业发展壮大的过程中，用技术创新来增加销售渠道是非常重要的一环，如今火热的电商带货既是由市场推动的结果，也是企业积极寻找新销售方式带来的结果，而 5G 的到来和发展将极大地改善目前直播带货的情景。

试想一下，当你在观看一场有关化妆品的直播时，如果看到的是超高清的画面，享用的是无卡顿、无延迟的网络；与主播的互动、与带货产品的接触是 3D 形式；在这种感知交互、身临其境的购物体验中，你的购买欲望会不会瞬间增加？

更近一步，场景化上线，主播将所有要进行介绍的产品都呈现在消费者眼前，消费者能够像逛商场中的实体店一样逛虚拟店铺，从中选出自己感兴趣的、需要的产品，这是不是很有趣、很便捷？

这些场景在不远的将来都会变成现实，依靠的就是5G技术。当然，除了直播带货，5G也将帮助短视频带货更上一层楼，因为高清的画面、大量且快速地传输，这些场景都将增强用户的体验。

未来可期，在不远的将来，5G将促使"带货"成为消费者进行消费购物的主要方式，而这也将成为社会一大主流。

附　录

附录 A　"重"是传统企业转型靠谱的出路[一]

"某企业从传统制造业转型,为建互联网平台已经'烧'了 2 亿多元,那都是从牙缝中省下来的血汗钱,但几年过去仍不见起色。员工工资下滑,士气日渐低落,成本节约到抠门的程度,老总自己开辆普通车接送客户。互联网上绝大多数人不赚钱,替人抬轿子。跟传统行业一样,互联网也要找对人,找对产品,找对方法。"

这不是段子,而是财经评论员叶檀披露的一个真实案例,如图 A-1 所示。

不幸的是,这种"宝马变捷达,转型转到坑里去"的故事,几乎每天都在中国发生。2015 年两会上,李克强总理首次提出"互联网 +"行动计划,把"互联网 +"作为中国传统企业与互联网相结合的战略。现在,已经不是要不要"互联网 +"的问题,而是如何"互联网 +"的问题。

[一] 本文节选自我的上一本书《重创新:转型不必推倒重来!》,当时的观点现在看也依然适用。
——作者注

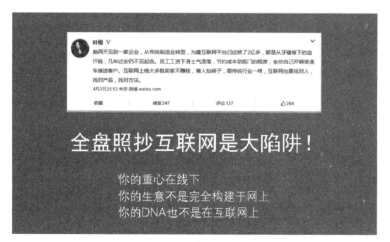

图 A-1 传统企业转型的陷阱

传统企业转型的 4 个大坑

"不转型等死，瞎转型找死！"根据笔者十几年在 5 家上市互联网公司（阿里巴巴/电商、万达/O2O、360/客户端、搜狗/搜索、金蝶/软件）的实战经验，以及长期培训和诊断传统企业的调研，发现传统企业转型有 4 个大坑。

大坑之一：没有入口级产品，免费补贴你学不会

互联网产品主要是由代码编写的，主要成本除了研发、运营、市场、设计人员的工资外，就是购买电脑、服务器和带宽等产生的成本。而研发完成之后因互联网产品有海量级用户，使人均成本趋近于 0。而传统企业的商品是实物，有原材料、模具和生产线等成本，怎么免费？再说了，互联网产品注重之后的用户体验（见图 A-2），产品交付只是开始，是入口！而产品后面连接的是收费的增值服务，所以互联网企业敢于补贴，甚至让产品免费使用。而传统企业交付产品时往往是销售的结束，没有与用户的连接，也根本没有入口。

附 录

图 A-2　互联网公司注重之后的用户体验

大坑之二：没有生态型组织，自我进化你学不会

互联网公司鼓励内部狼性竞争，因此往往能完成组织内部的自我进化，也就是"变异"。举个例子，张小龙不继续优化手机QQ，而是偏偏去做微信，这放在传统企业，简直是浪费资源，会被认为搞事情，要夺旗斩将！但马化腾不但没有反对，反而一路扶持将微信做大，甚至为此在内部放话"不要拒绝变化，抵抗是没有用的"。再看现在的马云，阿里巴巴内部提倡项目搞"赛马制"，这早就不是新闻了。所以，传统企业需要容忍一定的资源浪费，容忍"异类"，提倡"赛马制"，就像大自然一样，要建立一个生态型的组织。

大坑之三：没有势能营销，社交推广你学不会

互联网公司往往非常善于利用社交网络，将产品高效地快速推向市场，这让传统企业羡慕不已。但传统企业学起来却总感觉不伦不类，因为它们不懂如何制造势能！势能是物体之间相互作用的能量总和。比如，小米手机的营销势能，由小米公司、雇佣的广告和公关公司、"米粉""米黑"和围观者共同构成，其势能远远高于其他品牌，如图 A-3 所示。传统企业往往是自己花钱做，当然没有势能，也就不会势如破竹、势不可挡！传统企业需要真正懂得势能营销。

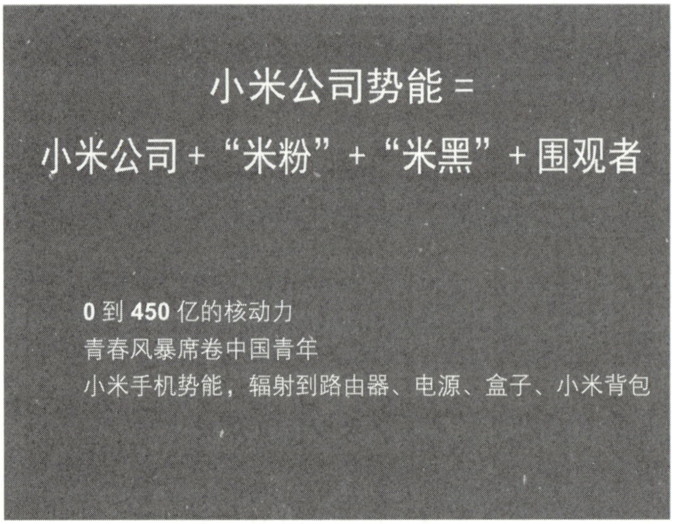

> 小米公司势能 =
> 小米公司 + "米粉" + "米黑" + 围观者
>
> **0 到 450 亿**的核动力
> 青春风暴席卷中国青年
> 小米手机势能，辐射到路由器、电源、盒子、小米背包

图 A-3 小米公司的势能营销

大坑之四：没有重度垂直战略，闭环控局你学不会

互联网公司往往深耕一个垂直领域，站得非常稳，以此开始逐渐构建自己的商业服务体系，然后才开始扩张。比如美团深耕团购、滴滴深耕打车，包括百度、阿里巴巴、腾讯也都是深耕了十几年才开始逐渐扩大投资的。传统企业一说转型，恨不得马上多元化，有的还非常激进地用"休克式疗法"，视线下门店、地推人员为负资产要"砍掉"！殊不知互联网公司正大规模从线上走向线下，从"鼠标"走向"水泥"。传统企业应该对自己的行业优势有信心，线上变轻，通过平台型公司接入，快速将线上、线下融合，形成闭环；同时保持和巩固强大的线下运营壁垒，从而保持对垂直产业链的关键点控局，战略重度垂直。

传统企业转型的这 4 个大坑怎么避免？答案是：重创新。

什么是重创新？

重创新是让"互联网+"落地的实战工具，是传统企业的求生法门。

互联网发展到今天，开始呈现出一个至关重要的特征：重。首先是互联网公司与实体经济重度融合。纵观这些年发展势头迅猛的互联网公司，你就会发现，互联网产业已经不能再被简单地理解为信息模式，而必须走到线下与实体经济重度融合，切入交易环节。下面我划分下互联网公司，用横轴表示技术革命，用纵轴表示大的应用分类，可以看到，每一个大的交叉口，都会有巨大的产业机会，如图A-4所示。

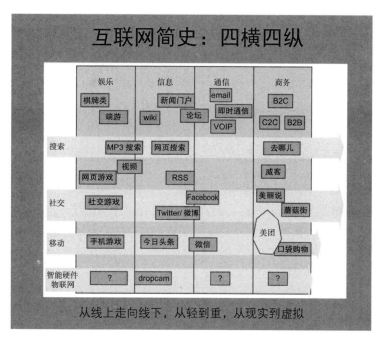

图A-4 互联网简史

就在人人高喊做轻公司、轻资产的时候，真相却是，这几年大火特火的互联网黑马公司都很重。据悉，美团2015年的员工规模达到2万人，而其中一大半的人在进行地面推广。京东商城的地面物流越来越重，也正因如此，京东撼动了以往被认为不可能被撼动的电商帝国——阿里巴巴。而河狸家等几家主打上门服务的互联网公司，它们的线下就更重了。如图A-5所示。

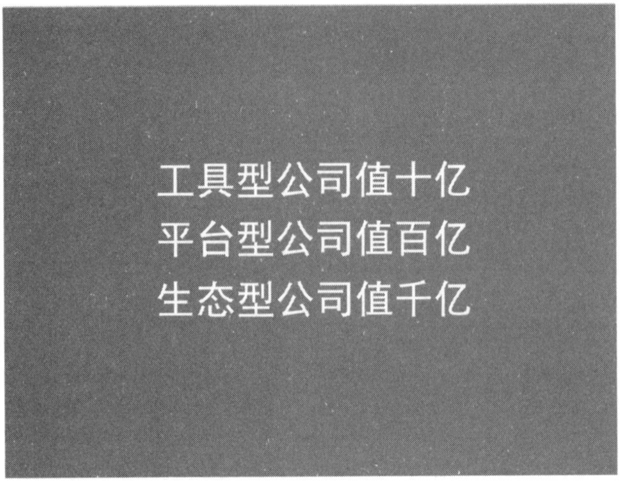

工具型公司值十亿
平台型公司值百亿
生态型公司值千亿

图 A-5　做重做生态

重创新是传统企业转型靠谱的出路，"重"包含以下 4 个方面的含义：

第一，产品上的重度连接。

从产品层面来说，这个时代的产品必须是爆品，因为一款爆品就可以横扫千军。但是爆品只是表象，它的本质其实是企业和用户重度连接的入口。"入口"是互联网时代的一个新名词，互联网公司正是以爆品为入口，构建互联网公司完整的开发体系。

于腾讯，QQ 是入口级产品；于百度，网页搜索是入口级产品；于阿里巴巴，淘宝是入口级产品；于 360，安全卫士是入口级产品；于小米，手机是入口级产品；于美团，团购是入口级产品。

第二，营销上的重度参与。

营销层面，我们常说"势能营销"，就是让用户重度参与的营销。互联网其实是一个让用户发声、互相感染的技术工具。那些善于使用这个工具的人，能让用户快速参与营销，例如小米、雕爷。势能营销的话题，可以参考图 A-6。

附　录

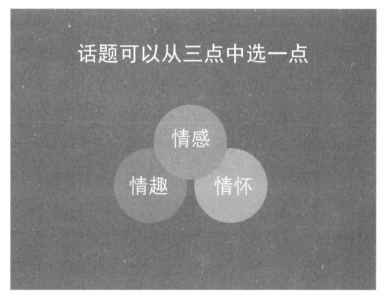

图 A-6　话题选取

海量信息和传统媒体渠道的下滑，让营销越来越强调势能。参与感，其实是势能的一部分。势能，首先是一种位置能量，高举高打；势能，其次还是一种作用能量，譬如小米手机的势能等于小米公司、广告公司、公关公司、"米粉""米黑"与围观者的总和。

第三，战略上的重度垂直。

我们常常可以看到百度、阿里巴巴、腾讯（简称BAT）争先恐后地入股或并购高德地图、大众点评网这类企业的新闻。这些企业虽然在量级上无法与BAT相提并论，但是它们能在自己的领域内达到绝对深入，不仅线上、线下兼备，而且拥有坚固的运营壁垒，即便强大如BAT也无法撼动它们的地位，所以只能选择或者说"不得不"入股做二股东，以保证在该行业内的影响力。如图 A-7 所示，用单点爆破做重度垂直。

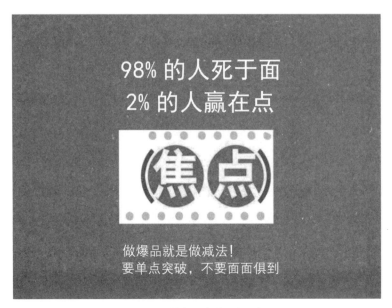

图 A-7 单点爆破做重度垂直

反之,如果在战略上无法做到重度垂直,那么面对互联网巨头几亿级别的用户量,你是毫无竞争力的。

第四,组织(文化)上的重度竞争。

重度竞争,意味着企业内部必须允许一定程度的资源浪费,才能保证其进化的可能性。让企业内的白马有活干、黑马有机会、野马有平台,如图 A-8 所示。在 2015 年 4 月深圳转型大课上,淘宝营销中心总经理刘博曾说过,淘宝内部创新的存活率不超过 10%,这个数据背后是大量的"资源浪费",这往往是传统企业老板无法接受的。然而,想要实现"基因突变",就必须依赖生态的重度竞争,来保证生命体得以延续。因此,百度呼唤狼性,阿里巴巴内部搞"赛马制",腾讯除了 QQ 还有微信。所以,重度竞争的生态组织,是当下企业呈现出的又一个重要特征。

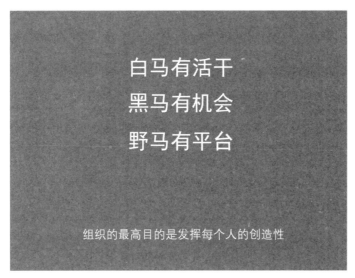

图 A-8 组织的重度竞争

上述这 4 个方面可分为"道"和"术"两个层面,战略和组织属于道,产品和营销属于术,它们共同构成了重创新的"魔力三角",如图 A-9 所示。

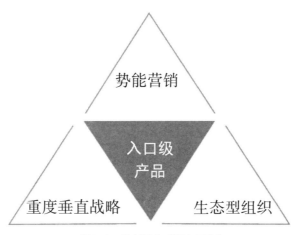

图 A-9 重创新的"魔力三角"

"重创新"能很好地回答传统企业"互联网+"转型的下面 4 个致命问题:

问题一:传统企业的生意如何与移动互联网结合,并重塑竞争力?

■ 超级带货

问题二：如何利用社交网络，把产品低成本地快速推向市场？

问题三：如何打造一个爆款产品，成为整个生意链的强入口？

问题四：如何打造企业的互联网 DNA，保持组织的创新活力？

互联网 + 营销，就是势能营销

品牌的本质是故事，媒体的核心是数据，营销最强的手段是病毒，取舍的标准是以简驭繁，传播的节奏是断言、重复、传染。一切不计算投入产出比的营销都是"耍流氓"！如图 A-10、图 A-11、图 A-12 所示。

图 A-10　断言

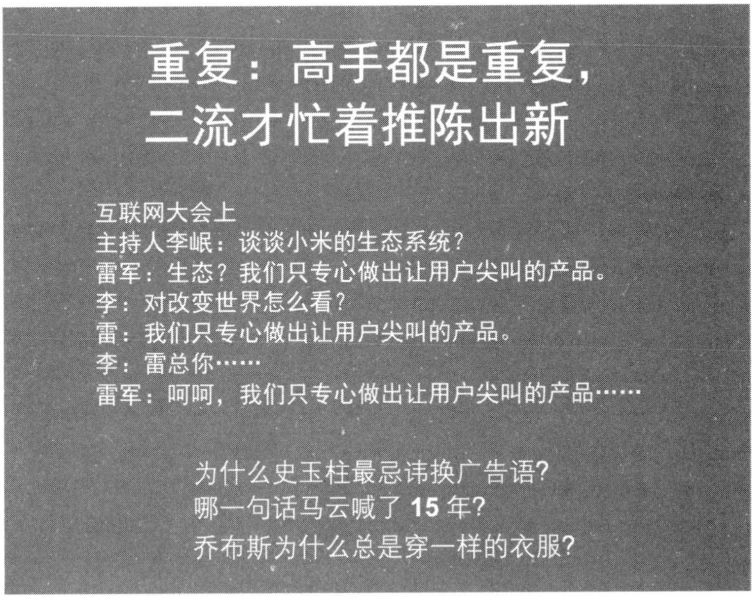

> **重复：高手都是重复，二流才忙着推陈出新**
>
> 互联网大会上
> 主持人李岷：谈谈小米的生态系统？
> 雷军：生态？我们只专心做出让用户尖叫的产品。
> 李：对改变世界怎么看？
> 雷：我们只专心做出让用户尖叫的产品。
> 李：雷总你……
> 雷军：呵呵，我们只专心做出让用户尖叫的产品……
>
> 为什么史玉柱最忌讳换广告语？
> 哪一句话马云喊了 **15** 年？
> 乔布斯为什么总是穿一样的衣服？

图 A-11　重复

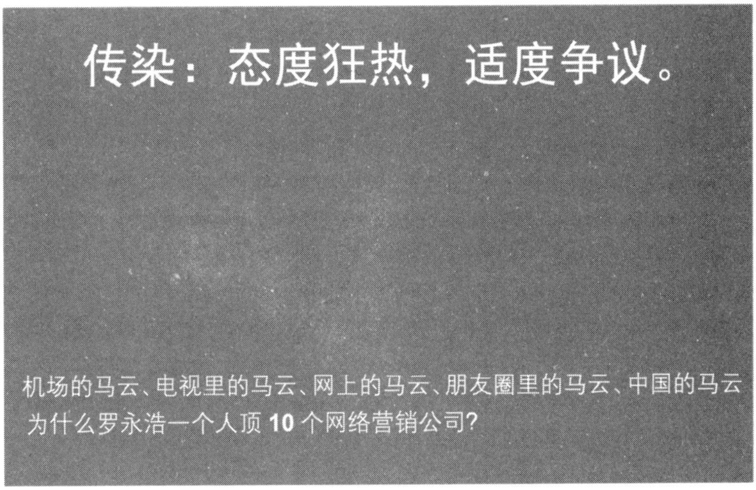

> **传染：态度狂热，适度争议。**
>
> 机场的马云、电视里的马云、网上的马云、朋友圈里的马云、中国的马云
> 为什么罗永浩一个人顶 **10** 个网络营销公司？

图 A-12　传染

转型必须立足于"三个根据"

目前传统企业谈的最多的就是转型，我认为转型必须立足于"三个根据"，如图 A-13 所示：

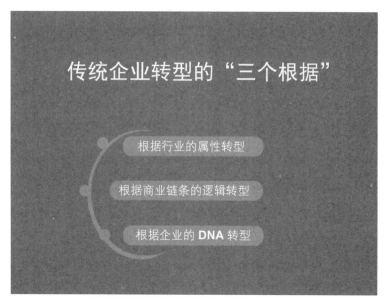

图 A-13 三个根据

人要有立足之地,企业转型同样如此。

第一,要根据行业的属性转型。首先要确认自己到底是面向企业(B)还是消费者(C)的业务。如果你做的是化工、钢铁、安防这些企业级客户的生意,你就不要去随便学互联网,因为互联网现在大部分做的都是 C 端的生意,与面向企业端的业务还是有很多不一样的地方。

第二,要根据商业链条的逻辑转型。包括线下链条的比例、被互联网取代的可能性、客单价、决策模式、决策周期等。比如房地产业,其线下链条太长了而且很难在网络上操作,决策模式太重了,客单价太高了,这就很难被互联网取代,相反零售、餐饮、电影这些就可能会被互联网取代。

第三,要根据企业的 DNA 转型。百人百性,企业如人,各有各的 DNA。有的企业执行力强,有的企业研发力强,有的企业渠道好,每个企业都要根据自己不同的 DNA 去选择不同的转型模式。那些执行力超强的企业,一声令下排山倒海,其实更应谨慎试错。

人不能拔着自己的头发离开地球，也不能用传统行业的短处与互联网的长处竞争。这样无视原子世界（实体经济）和比特世界（网络经济）的区别，无异于自寻死路。用"互联网+"武装头脑，用自己的腿走路——这就是重创新。

转型不要推倒重来，也不止于小步改进

自从开始讲"重创新"以来，经常有人问我重创新与微创新、颠覆式创新的关系。还有人讽刺说，李善友老师、金错刀老师、王冠雄老师是"创新三杰"和"三大忽悠"。

首先，善友、错刀都做得非常好，观点也很有价值，与之并列我很荣幸。其次，重创新与微创新、颠覆式创新，只是"创新"这一永恒而伟大命题下的不同分支，互相兼容，并不冲突。微创新强调微小的创新改变世界，小步快跑。颠覆式创新强调新技术和新模式对传统商业的破坏性，完全推倒。

重创新，就是指在微创新的基础之上，由量变、突变开始，最终导致质变，分阶段推进。通过可验证的创新，实现企业的自我进化，从原有的模式逐渐蜕变为一种全新的模式和全新的价值链！

估计有许多人会大喝一声：那重创新不是中庸骑墙派吗？其实，许多人根本不懂得老祖宗的精华，中乃正道，庸乃常识。重创新就是正道，就是常识。我讲的传统企业转型，就是要把各种各样的包装外衣脱掉，回归本质：探索互联网作为一种技术、一种方法论、一种价值观是怎样去重塑整个中国商业形态的。

转型是一个系统工程

一部分传统企业老板对互联网的理解比较片面。我举个例子，经常有人说"雷军做小米不就是花钱找水军炒作起来的吗？"它们看到的只是冰山一角。其实，小米公司的每一步都走在前面，它们对用户，做的是粉丝经济；它们做营销，走的是社会化传播；它们做供应链，用的是期货模式；它们做渠道，玩的是电商。事实上，小米公司的成功是一个系统的成功。

很多传统行业的管理者，囿于过去的成功经验和自己当前的困境，往往只看到一个方面。大家常常只看到了大象的一只脚、一个鼻子就说大象是怎样的。我想要告诉大家的是"互联网+"、转型的全貌。

我从不把互联网描绘成一个很吓人的东西，而是实打实地从操作层面讲具体该怎么做。比如，怎么做流量，怎么做转化，怎么做复购，再到接入支付、社交分享等，讲的是每一个环节具体怎么做。

没有永远的企业，只有时代的企业

没有永远的企业，只有时代的企业。转型，就是传统企业的生死拐弯。

"拐大弯"是柳传志先生创造的一个词语，这些年他总是频频提起这个词。在我看来，"互联网+"转型就是一个高速运转的弯道，转型的路径无非两种：U形转弯或L形转弯。当企业开始呈现下滑的颓势，其若是拐得好，甩尾漂移一下子就追上去了，成为一个上扬的曲线；其若是拐得不好，就直接掉下悬崖，翻车了。

转型和重创新，现在、立刻、马上。请参考重创新行动工具，如图A-14、图A-15所示，助你的企业成功转型拐大弯！

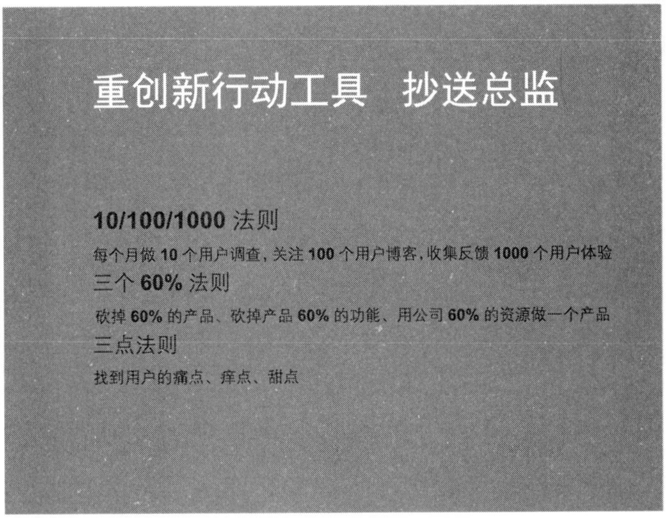

> **重创新行动工具　抄送总监**
>
> **10/100/1000 法则**
> 每个月做 10 个用户调查，关注 100 个用户博客，收集反馈 1000 个用户体验
> **三个 60% 法则**
> 砍掉 60% 的产品、砍掉产品 60% 的功能、用公司 60% 的资源做一个产品
> **三点法则**
> 找到用户的痛点、痒点、甜点

图 A-14　重创新行动工具 1

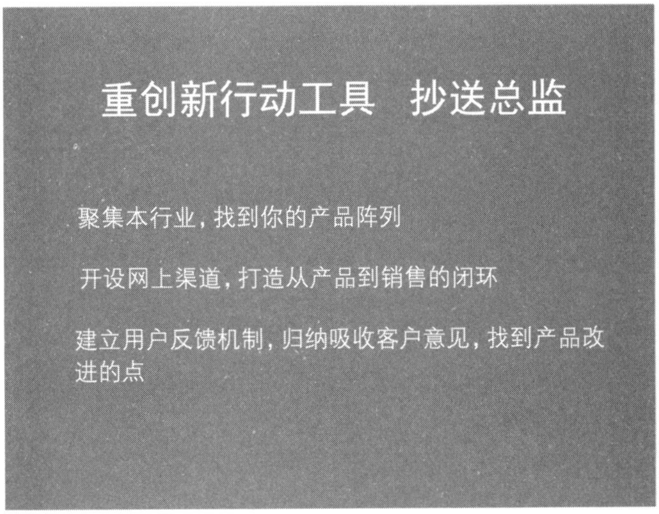

> **重创新行动工具　抄送总监**
>
> 聚集本行业，找到你的产品阵列
>
> 开设网上渠道，打造从产品到销售的闭环
>
> 建立用户反馈机制，归纳吸收客户意见，找到产品改进的点

图 A-15　重创新行动工具 2

后　记

如今，线上消费取代线下购物成为主流已是不争的事实，线下商场纷纷倒闭。更可怕的是线上正在反向定义线下，线上不会玩，线下也卖不动！看看多少品牌通过当红的"四大天王"平台大卖，你行吗？

许多企业得了焦虑症，该如何应对十年一遇的营销剧变？于是，IP、内容营销、私域流量、KOC 等理论应运而生。但市面上的一些解读失之零散，就好比盲人摸象：摸到尾巴的说大象像绳子、摸到腿的说大象像柱子；但大象就是"大象"，它的尾巴像绳子，腿像柱子，忽略任何一方面都是片面的。

要真正洞悉新一代平台的本质，就必须站在互联网历史的高度、人性的深度、技术的速度这三个维度去考虑问题。我们发现，互联网正从旧的三个连接（人连接人、信息、商品）向新的三个连接（服务、设备、大脑）迁徙；时代正处于 Z 世代、下沉力量、内容复兴、数字化转型的四重红利；在不同品类诞生了四大天王（新电商拼多多、新资讯今日头条、新社区小红书和知乎、新视频快手和抖音）；它们的核心秘密分别是：社交即红利、算法即人性、内容即产品、数据即势能。

在我的第一本书《重创新：转型不必推倒重来！》中，我首次提出了"入口级产品"的概念，认为互联网的本质是互动、连接、聚众；核心模式是入口经济；从入口开始构建生态。我主张传统企业的"互联网+"转型不能激进地颠覆推倒，也不能止于小步的微创新，而是应基于产业属性、行业链条和企业 DNA 重度创新。我很高兴看到，它已成为行业公认的重要概念，被许多大咖和文章屡屡提及，也被许多企业实践。

后记

在《超级带货》这本书中，我希望所有企业深刻意识到来自新平台的冲击，以及学习新玩法的必要性，从平台内部规律和大量实战案例中获得启发，实现自己的超级带货。

难免会有人说，"你写的不算，官方写的才算！"问题是平台根本不会公开这些秘密，市面上全是第三方的研究。需求这么大，总得有人来总结。坦率地说，相比许多根本没有在主流互联网公司工作过，或者屡屡失败的人写的互联网方法论，我们底气十足。我们历时一年，深入研究平台内部资料和大量案例，采访了许多企业和当事人，数易书稿，诚意十足。我们提炼的一系列方法论，简单清晰，具备可复制性，干货十足。

必须强调，世上并不存在点石成金术，这本书也不可能让你一看就能成为超级带货的高手。"运用之妙，存乎一心"，你要做的是，明白来龙去脉，根据超级带货的十大战术原则，具体问题具体分析，灵活地运用。

你们，来自不同行业的企业和不同岗位的营销人，就是"超级带货"的践行者，也是未来传奇案例的书写者。数字经济的变革正在蓬勃生长。"超级带货"的方法论也与时俱进，与商业实践同步。没有什么绝对正确，只有不断迭代！变革无远弗届，让我们一路同行。

汉武帝打匈奴，要用最好的汗血宝马、最锋利的刀。我们希望和您一起，共同探索"超级带货"的无限可能，也衷心预祝您成为新的故事主角。

互联网"信徒"、"超级带货"教练
王冠雄
2019年8月

■ 超级带货

王冠雄@华为"大V讲堂":社交赋能 从网红说起

王冠雄@平安集团:企业新媒体运营的秘密

王冠雄@海尔集团:自媒体趋势及实战案例

后 记

王冠雄 @Wi-Fi 万能钥匙：人人都是公关经理

王冠雄 @ 信风海运：转型私董会

王冠雄 @ 清华总裁班：转型不必推倒重来

王冠雄 @ 星河湾：解读"互联网+"时代的企业转型